R 20743

Paris
1796

Delisle de Sales, Jean-Baptiste Claude Izouard (ou Isoard de Lisle) dit

De la philosophie du bonheur, ouvrage recueilli et publié par l'auteur de la "Philosophie de la nature"

Tome 1

R 2946.
C.10.

DE LA
PHILOSOPHIE
DU
BONHEUR

*Ouvrage
Recueilli et Publié par l'Editeur
de la
Philosophie
de la Nature.*

TOME
A PARIS
1796

INTRODUCTION.

Je ne voulais point faire imprimer l'Histoire de ma détention, au-devant de la Philosophie du Bonheur; mais je cède aux instances de quelques Amis d'élite, qui ont cru y trouver quelque Philosophie, et qui attendent une sorte de Bonheur de sa lecture. Je n'ai pas le courage d'avoir raison contre des Hommes accoutumés à parler à mon cœur, sur-tout quand il s'agit de les rendre heureux.

Voici donc ce Mémoire historique, tel que je le lis, depuis treize mois, à tout ce qui n'est pas étranger à la Patrie et aux lumières; non que, con-

trariant les principes d'obscurité que je me suis faits, je tente de donner à mes malheurs une illustration que n'ont point ceux d'un Malesherbes : mais il y a, dans ce récit, des traits piquans, pour le tableau philosophique des Révolutions, qu'on ne trouverait point ailleurs. De plus, j'ai tenté d'ennoblir cet égoïsme apparent, en m'oubliant sans cesse, pour m'occuper de l'humanité entière ; en substituant, le plus qu'il m'a été possible, à une apologie petite et froide, la discussion des questions majeures sur l'harmonie sociale, que des Législateurs, qui ne sont pas des Lycurgue, oublient toujours, ou n'osent traiter, quand ils fondent les Gouvernemens.

Quelques-unes de ces questions, que j'ai été assez hardi pour examiner, mais que mes Contemporains ne sont peut-être pas assez mûrs pour entendre, regardent la Souveraineté Nationale, ramenée à ses élémens ; la nature du Contrat qui lie le Souverain à son Représentant ; le genre d'insurrection que des Législateurs peuvent se permettre contre un Gouvernement qui opprime, et celle qu'une Nation grande et généreuse a droit d'admettre contre la tyrannie de ses Législateurs.

Ces questions méritent de fixer nos regards, dans un siècle qui s'honore du titre de philosophique ; car sans leur examen, toute Constitution, quelque parfaite qu'elle soit, est un monumeut sans base : c'est, comme le disait un Ancien, une toile d'Araignée qui arrête quelques Insectes, et que déchirent les Vautours.

Je ne publie point cette Histoire de ma captivité, dans son entier, parce qu'elle serait plus volumineuse que l'Ouvrage auquel elle doit servir de préliminaire, et qu'alors, le tableau serait effacé par la bordure.

Je me contente d'en détacher la partie la plus piquante en anecdotes, sur-tout celle qui, par le ton sombre qui y domine, fera ressortir davantage les couleurs douces d'une Philosophie du Bonheur.

Ses vérités sont chers à la race future ;
Il est cher par ses mœurs à la société ;
Dès l'enfance il consacroit son cœur à la Nature
Et sa plume à la vérité.

MÉMOIRES

PRÉLIMINAIRES,

Concernant *la détention de l'Éditeur de cet Ouvrage.*

Les mêmes principes, sous deux ordres de choses contradictoires, ont exposé ma vie. J'ai subi un premier procès criminel, pendant le règne de Louis XVI, et un autre, vers la fin de la Dictature de Robespierre, pour m'être montré le plus sagement libre des Gens de lettres, d'abord, en composant la *Philosophie de la Nature*, ensuite, en préparant l'Édition d'*Éponine*.

Être libre, et l'être avec ce frein de la morale, sans lequel le plus ardent Républicain n'est qu'un vil perturbateur, a toujours été le but secret de ma Philosophie. J'avais, pour ainsi dire, sucé le lait de cette liberté raisonnée, au berceau de mon intelligence, et elle ne s'était point affaiblie, dans le passage de l'adolescence à l'âge mûr; car, telle est sa nature, qu'elle s'irrite par la jouissance même. L'Être né dans l'esclavage, peut rompre sa chaîne ; mais celui qui est né sagement libre, ne cesse de le devenir, qu'en cessant d'être Homme.

Ce fut à l'âge de vingt ans, que je traçai les premiers linéamens de la Philosophie de la Nature ; et j'atteignais le demi-siècle, quand, de concert avec Platon, je jettai, parmi les nombreuses factions nées de la Révolution Française, la Pomme de Discorde que le Gouvernement connaît sous le nom d'Éponine. Ce long intervalle ne me fit point dévier de ma théorie. J'élevai également deux monumens à la Liberté, dans les deux époques : mais le premier, plus brut, tenait au peu de sévérité de ma conception originelle ; l'autre, plus pur, se sentait du développement de mon goût, du progrès de ma raison et de mon expérience des Hommes.

Je vais consacrer quelques lignes à l'examen de ces nuances, dans les deux époques les plus importantes de ma vie. Ce travail servira à expliquer la contradiction apparente des deux persécutions que j'ai essuyées, en sens contraire, pour la même cause ; à indiquer une espèce de motif à mes longs malheurs, et peut-être, à me les faire oublier.

Lorsque je commençai à balbutier la langue de la Philosophie, mes idées sur l'économie sociale n'étaient encore que dans leur germe. Il était plus aisé de pressentir le caractère politique de mes écrits, que de les apprécier. Mon enthousiasme pour une liberté Platonique était tout entier dans mon cœur, plutôt que dans ma raison.

Dans la suite, mon intelligence s'affranchit des lisières où la retenaient l'âge, d'antiques préjugés qui ont fait quelque tems le bonheur des Hommes, cette espèce de Religion que donne à la jeunesse l'amour non raisonné du Gouvernement de ses pères. J'osai planer, de toute la hauteur de ma philantropie, sur les Législations sociales : dès-lors, ma politique prit une marche plus déterminée ; mon style s'épura au creuset du goût, et après avoir amusé quelque tems, dans le Lycée des Sages, une tourbe d'enfans, je pus aspirer à m'y entretenir avec des Hommes.

Observons encore, que dans l'intervalle de la publication de la Philosophie de la Nature et du procès d'Éponine, le lieu de la scène changea ; qu'une Monarchie illimitée fit place aux élémens de la plus absolue des Démocraties ; et que, sous ce point de vue, l'esprit

Français se modifia avec une telle rapidité, que quinze ans de distance, dans nos Annales, purent devenir l'équivalent des sept siècles que Rome compte, entre la construction du Palais d'or de Néron, et celle de la Cabane Royale de Romulus.

Grâce à ces divers apperçus, la lumière va renaître dans le cahos inextricable de ma double infortune.

Il est évident que mon premier livre attaquant le Despotisme Royal, dans sa base, et le second, le Despotisme Républicain, dans ses résultats, je devais provoquer la vengeance des deux Gouvernemens que je dévoilais, soit à la raison du Sage, soit à la sensibilité de la multitude.

Mais mon âge cessant d'être le même, le changement de coloris dans mes tableaux philosophiques, le peu de rapport de caractère entre les Despotes à qui je devenais odieux, devaient mettre de la variété dans les périls qui menaçaient ma tête.

Une raison de vingt ans, qui ne combat qu'un despote, et qui ne le combat qu'avec de l'imagination et des tableaux, n'est pas infiniment dangereuse : voilà pourquoi la Philosophie de la Nature ne m'attira qu'une persécution vague et indéterminée, pesa peut-être moins sur ma tête que sur mon repos, me valut, non la ciguë de Socrate, mais les simples chaînes d'Anaxagore.

D'ailleurs, cette persécution, dans un siècle de lumières, où l'opinion pouvait avoir raison contre le pouvoir, devait naturellement être moins périlleuse qu'honorable : voilà le motif qui fit que, dans ma première lutte philosophique, je fus protégé par la confédération des gens de bien, contre l'intolérance du Jansénisme, et la main de fer des Cours Souveraines. Je n'étais rien à cette époque, et le Gouvernement, qui vit la Nation derrière moi, vint se briser contre mon apparente nullité.

Il s'en faut bien que les mêmes phénomènes se rencontrent dans la carrière orageuse dont je vais tracer le tableau.

Mes pinceaux, à la publication méditée d'Éponine, avaient acquis quelque consistance : ma tête commençait à blanchir dans l'étude raisonnée des Législations : l'ordonnance sévère du nouvel ouvrage, mes premiers triomphes contre la Tyrannie, mon nom même, quelque faible qu'il fût dans la carrière de la gloire, tout conspirait à empêcher qu'on ne me traitât en ennemi vulgaire, qu'on ne manifestât le peu de crainte qu'on avait de ma plume, par un pardon qui nous aurait tous déshonorés.

J'ajoute que l'époque où je vais entrer, n'a aucun point de contact avec celle que j'ai déjà parcourue. La Philosophie de la Nature n'attaquait qu'un Despote, dans le Ministère pervers de Louis XVI : Éponine va jetter le gant de Tancrède à vingt mille Despotes Républicains, qui osent assassiner la République, sous la livrée des d'Orléans, des Marat et des Robespierre. Cette fille de Platon, toute aguerrie qu'elle est contre des perturbateurs, sera seule en présence d'un ennemi qui s'appelle *Légion*. Si elle échappe à la violence, elle rencontrera la perfidie, et épuisée par ses victoires mêmes, elle n'aura bientôt que les planches ensanglantées d'un échafaud pour reposer sa tête.

Enfin, faut-il le dire encore, le courage d'Éponine chancellera à chaque pas, à la vue de l'effroyable Terreur, qui planera sur toutes les têtes : elle aura pour elle Dieu, la Patrie, le Genre humain, et peu s'en faudra qu'abandonnée par la Nature, trahie par ses amis, seule, en apparence, au milieu de vingt millions de victimes, qui tremblent d'être hommes, elle ne marche au supplice, en répétant le mot terrible du second Brutus, et en blasphèmant la Providence.

Ces réflexions étaient nécessaires pour jetter quelque jour dans le Cahos Révolutionnaire, où je vais me perdre : maintenant je vais prendre en main la chaîne des faits, et faire en sorte que toute ma Philosophie se trouve dans mon Histoire.

Je m'étais enseveli, depuis quatre ans, dans une obscurité qui tenait à ma théorie du bonheur ; et, grace à elle, je vivais dans une sécurité profonde, qui m'honorait encore moins que la Nation même qui m'en laissait jouir : je me croyais à l'abri même de ce soupçon, qui dans des tems d'orages politiques manifeste si peu le délit : je me disais, je ne suis qu'un grain de sable, auprès de cet Océan en butte à toutes les tempêtes populaires ; mais ce grain de sable est sur le rivage, et les vagues en couroux viendront se briser devant lui.

J'ignorais alors qu'il n'y a dans les Démocraties absolues aucun repos à espérer, ni pour l'homme qui se montre, ni pour l'homme qui se cache, et que le tourbillon Révolutionnaire anéantit, dans son explosion, et le rocher, et le grain de sable.

Le bandeau tomba de mes yeux le 17 mars 1794, ou, si l'on veut, le 27 ventose de l'an 2 de la République, quand on adopte notre Ère nouvelle, qui n'ayant point été consentie par l'Europe libre, n'aura de poids dans la langue universelle des arts, que quand l'Europe sera subjuguée.

J'imprimais, à cette époque, une partie d'Éponine : tout-à-coup mon imprimerie se trouva déserte, ce qui me fit concevoir une vague inquiétude; cependant j'étais infiniment loin de prévoir qu'une pareille désertion fût l'effet d'une délation clandestine, d'un de ces délits dans tout ordre social, qu'on appelle un acte de civisme, dans un Gouvernement Révolutionnaire.

Pendant que ma probité se berçait des espérances les plus insensées, un des ouvriers de ma presse avait la coupable faiblesse de me dénoncer au Comité de sûreté générale : cet homme, un mois auparavant, s'était présenté dans ma maison : il m'avait parlé de sa misère, et ce mot avait ému mon ame sensible; je fis continuer un ouvrage qui ne devait paraître qu'à la paix de l'Europe, uniquement pour avoir occasion de le faire vivre de son travail : être utile aux arts, et sur-tout aux arts dans l'abandon, fut, dans tous les tems, et sera encore une des jouissances les plus douces de ma philantropie.

Cet ouvrier, dont l'égarement, je ne dis pas la scélératesse, me fut si funeste, avait ourdi sa trame de concert avec un journaliste de la bande de Marat, qui ne pouvant vivre du produit de sa feuille insipide, faisait commerce de délations civiques et de vertueux espionages. Ils couvrirent de leurs poisons quatre pages isolées d'Éponine, qui, séparées du reste du texte, ne devaient former aucun sens suivi : et cependant c'est sur ce vague indice, que des Législateurs, qui avaient lu la Philosophie de la Nature, me regardant comme un Coriolan qui venait assiéger Rome libre, me donnèrent des fers.

J'ai été quinze mois avant d'obtenir des Comités de Gouvernement cet acte étrange de délation ; et ce n'est qu'en ce moment, où l'on imprime ces préliminaires, qu'on m'en délivre, des archives, une copie légale ; je me hâte de le faire connaître. Tout Homme qui connaît mon caractère et mes ouvrages, à la lecture de cette pièce, que je transcris avec toutes ses fautes de grammaire, rétrogradera en esprit de plusieurs siècles, et se croira transporté au

Conciliabule inquisitorial, où l'on dénonçait la Pucelle.

« Je soussigné, Michel-Pierre Percher..,
» ouvrier, déclare au Comité de sûreté géné-
» rale, qu'il y a quinze jours, j'ai eu, comme
» ouvrier, l'occasion de travailler chez le
» nommé La Salle...., que ledit La Salle
» travaillait à l'impression d'un ouvrage portant
» le titre et intitulé suivant : *Éponine*, divisé
» par chapitres, en forme de dialogues et en-
» tretiens : que cet ouvrage paraît depuis long-
» tems, n'ayant travaillé qu'au quatrième vo-
» lume, dont j'ai travaillé à la presse, pour
» l'impression de deux feuilles dudit ouvrage ;
» que j'y ai remarqué, en le lisant par hazard,
» qu'il était conçu dans des principes abomi-
» nables, proscrits par les Loix et le Gouver-
» nement Républicain, qu'il insulte, en pro-
» pageant le Royalisme le plus effronté, et
» l'avilissement des autorités nationales les
» plus respectables; que j'ai cru devoir, comme
» bon citoyen et véritable ami de ma patrie,
» de dénoncer au Comité de sûreté générale,
» d'après l'avis fraternel et sincère du citoyen
» Trembl..., imprimeur, et du citoyen No...,
» Rédacteur du Journal populaire dudit Trem-
» bl..., qui m'ont accompagné, et m'ont

» facilité les moyens d'être admis et entendu
» audit Comité, où j'ai déposé une feuille
» d'impression, format in-octavo, que j'ai pa-
» raphée... et dont plusieurs passages ont été
» indiqués par une barre, comme les plus
» virulens ; et j'ai signé, ainsi que mes conci-
» toyens Trembl... et No .. »

Voici le passage le plus *virulent*, comme l'indique la barre mise sous les caractères par le Triumvirat des délateurs.

Il est aisé, d'après ces bases, de se faire une idée juste de la Révolution Française. Elle a commencé sous les auspices les plus heureux, parce qu'elle était l'ouvrage des lumières, parce que la Nation se contenta quelque tems d'adopter l'attitude calme et fière de la défense, parce que les Législateurs ne se croyaient autorisés qu'à capituler avec le Pouvoir.

Tout changea de face, lorsque des factieux remplissant les esprits de terreurs, imaginèrent de substituer à la force raisonnée des exécuteurs de la loi, la force aveugle du Peuple qu'ils dirigeaient, de soutenir des décrets avec des Comités des recherches et des reverbères, et de conserver un vain simulacre de Monarque, en abattant la Monarchie.

Dès-lors la plus Sainte des Insurrections s'est écartée de ses élémens : l'épée qui ne devait que protéger l'organisation des loix, a elle-même tout organisé : on a été à la Liberté par l'anarchie : le Roi a été contraint de se faire Peuple, et le Peuple a eu l'audace de se faire Roi.

Telle est la *virulence* d'Éponine, de cette Éponine qui serait encore avec Arrie et Lucrèce la beauté la plus pure qui eût occupé le burin de l'Histoire, si elle n'avait pas été souillée par les regards de ses vils délateurs. Quant à l'unique fait affirmé dans le libelle, que *l'ouvrage paraissait depuis long-tems*, j'observe qu'aujourd'hui 27 thermidor de l'an 5, c'est-à-dire dix-huit mois après la dénonciation, ce Livre, qui a exposé ma tête, n'est pas encore entièrement imprimé.

Ne suspendons pas plus long-tems la marche rapide des événemens.

Je dînais avec mon épouse et une de ses amies, conservant au milieu des infortunes publiques, une sérénité, qui était bien loin de calomnier notre Révolution. Pendant ce tems-là on mettait des gardes dans ma maison, on plaçait une sentinelle armée d'un sabre nud à la porte de mon appartement ; mon domestique

tique voyait tous ces apprêts sinistres, et comme il était du secret des conjurés, il ne m'avertissait de rien : tout-à-coup se présentent deux Commissaires du Comité de sûreté générale, accompagnés de quelques Membres du Comité Révolutionnaire de ma Section, qui me demandent mon nom, et sans attendre ma réponse, m'arrêtent *au nom de la loi* : je respecte la loi, leur dis-je, même dans les erreurs de ses interprètes, et vous pouvez m'arrêter.

Cependant, il me parut étonnant qu'un citoyen aussi connu que je devais l'être, un chef de famille, domicilié à Paris depuis plus de vingt-cinq ans, qui était respecté dans sa Section, dont le nom, depuis la régénération de la France, n'avait jamais été compromis, fût ainsi arrêté sur ses foyers, sans mandat d'amener, sans interrogatoire préliminaire. Je crus que la Patrie était dans un péril éminent, puisqu'on se croyait obligé de violer ainsi, en ma personne, la Déclaration des droits, les Institutions politiques des deux Constitutions Françaises, et toutes les loix sociales des peuples civilisés. Cette idée du péril de la Patrie, absorba un moment toute ma pensée : je m'oubliai moi même, et je demandai si la

Convention était menacée. Les Commissaires, qui, comme les Geoliers des prisons, n'étendaient pas leur intelligence au delà des peines qu'ils avaient à faire souffrir, ne m'entendirent pas, et ma question resta sans réponse.

De ces deux Commissaires, l'un, nommé Sirejean, conserva dans le cours de cette visite toute l'indifférence de la nullité : l'autre, appellé Pasté, déploya toute cette dureté inquisitoriale, que la Philosophie appellerait encore un délit, quand elle s'exercerait sur de vils conjurés, condamnés à l'échafaud. Quant aux Membres du Comité Révolutionnaire de ma Section, c'étaient des Gens de bien, qui savaient à-la-fois être Hommes et Ministres des Autorités constituées, qui gémissaient des rigueurs de la loi, et l'exécutaient avec scrupule comme avec dignité.

J'avais besoin d'une demi-heure pour mettre ordre à mes affaires, pour aller au-devant des besoins d'une épouse expirante, pour veiller à la sûreté d'un dépôt que m'avait confié l'amitié : elle me fut refusée impitoyablement par le Commissaire Pasté, et son motif était digne de son ame, c'est qu'*il n'avait pas dîné*.

A l'instant, ce Sbirre proposa d'aller prendre trois Sans-culottes du quartier, pour servir de gardiens aux scellés qu'on allait poser ; je représentai avec calme, que m'étant toujours honoré d'une vertueuse indigence, si l'on multipliait les frais de ma détention, la République serait obligée de les payer. Mon épouse, noyée dans ses larmes, employa auprès de cet homme terrible toute l'éloquence de la douleur pour le toucher : les Membres du Comité Révolutionnaire s'émurent, et enfin il fut arrêté qu'il n'y aurait qu'un seul gardien, et que ce serait le portier de la maison : ce demi-succès me fit croire un moment, que, sans avoir la lyre d'Orphée, on pouvait donner à un rocher, l'oreille et le cœur d'un Homme.

Malgré l'état de stupeur, où devait me mettre cette scène sinistre, je compris sans peine qu'elle avait pour objet quelques feuilles d'Éponine mal interprétées ; et afin de pouvoir mettre sous les yeux du Comité de sûreté générale la vérité toute entière, je proposai de me laisser chercher dans ma bibliothèque des manuscrits sur l'Harmonie sociale, qui dessilleraient les yeux de la malveillance ; mais du moment qu'on m'arrêtait, sans m'entendre, il était évident qu'on songeait moins à s'éclairer qu'à me punir du crime de mes délateurs ; aussi cette faveur me fut refusée. J'insistai avec feu ; le Commissaire Pasté répondit de même : et quand je lui demandai les raisons de ce déni solemnel de justice, il en revint à son sophisme favori : c'est *qu'il n'avait pas dîné*.

Pour moi, qui n'avais pas dîné non plus, je me hâtai de manger quelques morceaux trempés des larmes de ma digne épouse ; et je laissai le Satellite des Représentans d'un Peuple bon et généreux exercer sa surveillance dévorante, sur mes meubles, mes livres et mes papiers.

Cet arrangement fut prompt, parce qu'il ne consistait que dans le bouleversement. Le Commissaire, avec la rapidité de la pensée, prenait dans mon sallon tous les tiroirs des tables, et les allait verser pêle-mêle sur le parquet de ma Bibliothèque. Cette étrange manière de disposer les effets d'un détenu, occasionna un cahos inexprimable à la levée des scellés : pour moi, je ne fis aucune remarque sur une précipitation aussi illégale, parce qu'elle tendait à ôter de mon cœur un poids qui l'oppressait ; à me délivrer de la présence importune d'un Homme, qui voulait, malgré moi, me faire haïr la République.

A cette ignorance profonde des formes, se

joignait une rigueur inouïe dans l'exécution des mesures de sûreté : mon épouse avait dans sa chambre une petite Casse d'Imprimerie, en acajou, destinée à composer quelques Vers Anacréontiques, qui échappaient à ses loisirs vertueux. Le Commissaire enleva le Composteur, les pages à demi-faites, les lettres à distribuer, et porta le tout dans la Bibliothèque : sans doute, il imaginait que des Vers Lyriques devaient être un recueil de poisons, quand on les imprimait avec les Caractères typographiques d'Éponine.

Il se trouvait dans le sallon une petite Bibliothèque grillée, à l'usage de ma femme, achetée presque toute entière de ses épargnes, composée de livres classiques, qui n'avaient aucun rapport au Gouvernement. Tous les titres s'en lisaient sans peine, au travers de la grille. Nous demandâmes en grace d'en laisser la libre disposition à ma moitié, après une visite préliminaire, qui ne demandait que quelques minutes de délai. Le Commissaire Pasté supposa sans doute que Boileau, la Fontaine et Fénelon étaient des Écrivains contre-révolutionnaires, et il posa les scellés sur la petite Bibliothèque.

Mes propriétés principales, renfermées dans

mon cabinet et dans mon sallon, étant ainsi mises sous la sauve-garde immédiate de la République, il fallut visiter en détail le magasin où étaient en dépôt les feuilles isolées de mes Ouvrages, ainsi que mon Imprimerie : et ici le Commissaire-Machine acheva de me prouver combien l'obéissance passive à des décrets de circonstances est injuste, lorsqu'elle n'est pas modifiée par l'humanité naturelle et par les lumières.

Jusqu'ici la nature de mon délit avait été un problème pour moi : il se trouva qu'il l'était aussi pour le Commissaire : comme l'examen de ma Presse n'offrait rien de suspect à ses regards, il se mit à m'interroger sur le nom même de l'Ouvrage qui motivait ma proscription, et qu'il avait oublié. Ensuite il m'enjoignit de lui en remettre une feuille imprimée, pour la réunir au procès verbal. Ici se dévoile mon ame toute entière : loin d'atténuer ce qu'on appellait mon délit, j'eus le courage de l'offrir dans toute son étendue : il m'importait que ma Patrie ne me crût ni plus innocent, ni plus coupable que je ne l'étais en effet ; et, de moi-même, dépouillant Éponine de tous les vêtemens qui pouvaient voiler ses défauts à la malveillance, j'osai la montrer toute nue, aux

Hommes qui avaient juré son opprobre ou son supplice.

Il est bien constant que, dans l'hypothése où mon ame n'aurait pas été plus pure que ma plume, si je n'avais montré que le degré d'obéissance qu'exigeait la loi ; si je m'étais contenté de remettre au Sbirre-Automate une feuille de l'Ouvrage proscrit, que j'aurais choisie avec discernement, le Comité de sûreté générale, ne possédant d'ailleurs d'autre titre de mon délit que quatre pages incohérentes, qu'il n'osa même pas me présenter à l'interrogatoire, dès le soir même, je serais retourné libre chez moi : alors j'aurais eu le loisir de soustraire aux regards tout ce qui, dans des tems d'orage, pouvait me rendre suspect à une faction dominante : mon Livre, réparé d'après les principes du jour, aurait été porté aux nues par ceux qui commandaient à l'opinion, et on aurait fait honneur à mon civisme des succès obliques et tortueux de mon hypocrisie.

Au lieu d'adopter cette marche clandestine, je me mis tout entier en présence du Gouvernement Révolutionnaire. Je présentai au Commissaire Pasté environ neuf cents pages de la nouvelle Éponine, reliées en un seul volume :

c'était mon exemplaire de propriétaire : on lisait gravés sur le dos du Livre, en lettres d'or : *Tout ce qui est imprimé jusqu'en 1794.* — Il était difficile de se montrer plus ami de l'ordre public, plus rempli d'une estime confiante envers ses juges, plus franc, et de cette franchise qui atteste la conviction intime de son innocence : mais il semble que la générosité, si elle n'est pas un délit, est du moins une grande erreur, sous un Régime Révolutionnaire : ce trait de courage fut tout-à-fait perdu pour les Membres du Comité, qui m'interrogèrent : loin de me juger, d'après un si noble dévouement, ils se servirent des armes mêmes que je déposais dans leurs mains, pour commencer mon supplice.

Quand l'Inquisiteur Pasté eut employé dans ses perquisitions tous les astuces vulgaires de la malveillance imbécille, quand il ne resta plus de recoins à parcourir, de murailles à sonder, il me demanda si j'avais d'autres appartemens à déclarer, m'assurant que je répondrais de mon infidélité sur ma tête : j'avoue qu'il n'entra pas dans mon idée de promener le Commissaire dans des greniers ignorés, dans une cave, ou dans une écurie : une obéissance aussi absurde m'aurait paru une insulte à la loi, ou à ses Représentans, et la Tragédie, où je jouais un rôle si terrible, n'admettait point de persifflage.

Malheureusement j'avais, à un sixième étage, deux bouges de quatre ou cinq pieds de diamètre, recevant un peu de jour, de la séparation de quelques tuiles, où je plaçais de vieux meubles, et sur-tout de ces feuilles d'impression inutiles, qu'on appelle des maculatures. Un domestique, que j'avais tiré de la misère la plus profonde, et dont l'ame vile était à la hauteur des opinions dominantes, m'avait vu monter dans ces bouges, et se hâta de m'aller dénoncer : aussi, dès le lendemain, le Commissaire Pasté revint, avec la joie féroce d'un Vautour qui plane sur sa proie, reprocha avec aigreur à ma digne épouse de n'avoir pas déclaré des magasins de poison, (dont elle ignorait jusqu'à l'existence), et les fit enfoncer devant lui. La recherche la plus scrupuleuse n'ayant rien offert de suspect dans ces malheureux garde-meubles, il descendit, un peu honteux de sa déconvenue, et se consola du malheur de m'avoir trouvé moins coupable, en allant, au nom du Comité de sûreté générale, violer une propriété chez un Officier de santé du voisinage, et lui enlever un exemplaire unique de la première édition d'Éponine, qu'il gardait dans sa Bibliothèque.

Rentrons un moment dans mon appartement : là m'attend une nouvelle scène, encore plus digne des Alguazils sacrés de la Propagande : car, dans le Drame effrayant, dont j'étais condamné à être le héros, l'intérêt né de la terreur semble croître d'acte en acte, jusqu'à ce que le Machiavélisme de Robespierre m'eut presque amené sous ses pieds, pour écraser ma tête.

Les scellés étaient posés par-tout : on dressait à la hâte un procès-verbal en quelques lignes, qu'on dédaignait de me lire ; tout ce qui m'était cher semblait plongé dans une douleur concentrée, dont l'indice ne pouvait se manifester par des larmes : l'émotion gagnait jusqu'aux Membres du Comité Révolutionnaire. Tout-à-coup entre un inconnu, d'une physionomie basse, l'œil hagard, le visage enluminé, ou de colère, ou de vin, qui s'écrie d'une voix tonnante : *arrêtez : et moi aussi, je viens dénoncer...* et il s'arrête là.

L'étonnement était sur tous les visages, et, j'ose croire, l'indignation dans tous les cœurs. Après un moment de silence, un des Membres du Comité lui demande ce qu'il a à dénoncer :

l'inconnu tord ses lèvres, promène ses regards pleins de fiel, et reste muet, comme si la tête de Méduse l'avait pétrifié.

Je ne sais : mais dans les annales perverses de la délation, depuis l'infâme Suilius, si bien crayonné par la plume immortelle de Tacite, jusqu'à nos jours, je ne crois pas qu'il ait existé deux êtres aussi faits que cet inconnu, pour réunir les deux extrêmes de la célébrité odieuse et du néant de l'oubli : conçoit-on bien toute la bassesse originelle de l'Homme qui, voyant des scellés par-tout, des Femmes vertueuses dans l'abattement du désespoir, un citoyen, jusqu'alors irréprochable, sous le glaive de la loi, ajoute à ce tableau déchirant par ce mot : *je viens dénoncer*, et qui ne dénonce rien ?

L'énigme se dévoila dans la suite, quand j'appris que ce dénonciateur était le même Trembl..., corrupteur et complice de mon Imprimeur, qui vivait dans la fange, de ses insipides libelles et de ses délations : je me réjouis alors de ce que mes soupçons ne pouvaient plus tomber sur un Homme qui n'aurait été avili que par la terreur, et que j'aurais plaint peut-être, sans descendre à le mésestimer.

Cependant, le digne ami de Marat ne se déconcerte pas. Revenu de la stupeur où l'avait mis l'interpellation énergique : *qu'as-tu à dénoncer?* il s'élance, avec précipitation, dans l'appartement de ma femme, où était sa petite Imprimerie en acajou, et déclare qu'il dénonçait la citoyenne et ses ouvrages ; en même tems il cherche le manuscrit, qui n'existait pas : il parcourt des pages de titres qui ne signifiaient rien ; il s'étonne de ne trouver partout d'autre venin que dans son cœur, et il retombe dans le silence stupide qui l'avait si bien caractérisé, au commencement de sa délation. Les Membres du Comité Révolutionnaire mirent fin à cette scène odieuse, en lui disant que, s'il y avait quelque chose de suspect chez moi, on le trouverait sous les scellés, et qu'ils n'avaient plus de tems à perdre à l'entendre. Le Journaliste humilié, mais sans remords, comprit ce langage : il se glissa, sans mot dire, hors du théâtre de son opprobre, et disparut.

Bientôt je sortis moi-même de chez moi, après m'être arraché des bras d'une femme éperdue, que je consolais vaguement, parce que je commençais à pressentir l'horreur de ma destinée, à qui je tâchais de donner un courage, que je perdais moi-même ; et une voiture que je n'avais pas demandée, me conduisit au Comité de sûreté générale.

Arrivé dans le vestibule de ce Comité, rempli de commis, et hérissé de gardes, on m'annonça d'abord que les Législateurs n'étaient pas visibles, ensuite qu'ils allaient se séparer.

Cependant, le Commissaire Pasté était pressé *d'aller dîner*. Au lieu de me confier à la surveillance de quelques Gendarmes, jusqu'au rassemblement du Comité, il a la froide barbarie de me jetter, de son autorité privée, dans une espèce de cachot d'environ six à sept pieds, en tout sens, ne recevant de jour que par une lucarne, croisée de barreaux de fer, et placée vers la voûte; séjour humide, infecté de miasmes putrides et cadavéreux, où dix à douze infortunés se disputaient l'avantage cruel de s'asseoir sur un peu de paille, couverte de vermine : aucune lumière ne pénétrait dans cet affreux réduit, où le plus lugubre des silences n'était interrompu que par des soupirs étouffés, ou par les cris inarticulés du désespoir.

C'est, dans cet antre d'une Bastille Républicaine, que je passai près de dix heures, toujours debout. J'appris dans la suite, de mes compagnons d'infortune, à Sainte-Pélagie, que des détenus, aussi purs que moi, y étaient restés oubliés, les uns huit jours, d'autres un mois, et un, entr'autres, soixante et dix jours, sans être interrogés, sans connaître les motifs d'un si long supplice, et même sans le soupçonner.

Qu'il me soit permis d'interrompre un moment le fil de ce récit, pour demander, d'après quel code de sang, le Ministre subalterne d'une justice subordonnée peut jetter, de son propre mouvement, dans un pareil cachot, le Citoyen domicilié, sur lequel il ne peut exercer que le droit de surveillance : comment les simples délégués d'un corps de Législateurs peuvent se permettre de garder, soixante et dix jours, dans une prison provisoire, des Hommes qui ne sont encore que suspects, sans les interroger : par quel rafinement de barbarie, dans de simples mesures de sûreté, on punit d'un long supplice, qui expierait déjà un grand crime, le soupçon d'un délit sur lequel la loi n'a pas encore prononcé ?

Je suis loin de changer en dénonciations personnelles, cette simple et pacifique Histoire. Il n'est point dans mon caractère de chercher de grands coupables ; et si je les rencontre, malgré moi, de ne pas les abandonner à l'unique justice de leurs remords ; mais de quelle effrayante responsabilité ne s'est pas chargé, auprès des siècles, le Comité de sûreté générale, qui, entouré, dans le sein de la Convention, d'Hommes instruits, pour éclairer sa politique, et d'Hommes vertueux, pour appuyer son patriotisme par la morale, a exercé des actes arbitraires de violence, qui ne devaient se glisser que dans les codes des Tibère et des Phalaris, sur tout, quand une année entière d'administration, confiée aux mêmes mains, lui avait donné l'habitude et l'énergie de la toute puissance !

Il était minuit, quand quelques habitués du cachot provisoire songèrent, ainsi que moi, à souper. Les verroux d'airain s'écartèrent, avec un bruit sinistre ; la porte s'ouvrit, et j'allai au Corps-de-garde, manger un morceau de pain noir, trempé de mes sueurs froides, et presque de mes larmes. Je m'y assis tristement, auprès du Commandant du poste, jeune Homme à peine sorti de l'adolescence ; et jugeant de sa sensibilité, par son âge, je le priai, avec quelque intérêt, de porter au Comité, un billet que j'écrivis sous ses yeux, où j'annonçais, qu'Éditeur d'un ouvrage de

Platon, j'attendais, dans un cachot, les ordres de l'Aréopage; qu'aussi pur que Socrate, sans avoir ni son génie, ni sa célébrité, on commençoit, sans m'avoir jugé, à me faire boire la ciguë.

Le jeune Homme parut s'attendrir, en effet, et alla porter le billet; mais il est probable que le Commissaire Pasté l'ayant endoctriné, à son passage, me dessina avec ses crayons infidèles, sous les traits d'un Conspirateur dangereux; car à son retour, ses yeux parurent hagards, son cœur se trouva flétri : il pouvait me laisser dans le Corps-de-garde, et je fus rejetté de nouveau dans le cachot, qui me semblait la demeure consacrée au pervers déjà jugé, et l'asyle de la mort.

Entraîné par l'ordre philosophique de mes idées, j'ai oublié de parler de mon occupation, pendant les dix heures que je passai dans cette espèce de tombeau animé, et de l'événement touchant qui y avait donné lieu. Je me hâte de revenir sur mes pas, trop heureux de pouvoir varier, au gré de la vérité la plus scrupuleuse, les teintes lugubres de mon tableau.

Lorsque le **Commissaire Pasté**, *qui voulait dîner*, et qui fit, sans doute, durer son repas

dix

dix heures, puisqu'il ne vint me délivrer qu'au moment de mon interrogatoire ; lorsque ce Commissaire, dis-je, me conduisit dans mon cachot, il me fit passer par une espèce de galerie, où je trouvai un Homme de lettres, que, par un hasard heureux, j'avais eu l'occasion, il y a dix ans, d'obliger. Les plus légers bienfaits ne sont jamais perdus, dans les belles ames : c'est un germe qu'on sème, qu'on oublie, et qui se développe tôt ou tard, au gré de la reconnaissance. Ce Citoyen estimable, qui cachait une ame Romaine, sous l'extérieur sauvage d'un Français Révolutionnaire, n'admettait point la terreur de l'esclavage, parmi les élémens de la liberté : il préférait, à tous ces chants de Cannibales,

Qu'un sang impur arrose nos sillons ;

Ce beau vers de sentiment, fait sur Fouquet, une des victimes du Despotisme de Louis XIV.

Je le crois innocent, puisqu'il est malheureux.

Instruit de mon péril, il avait volé au Comité, et m'attendait au passage : il s'approche, dans un moment de tumulte, et me dit, d'une manière à n'être entendu que de moi, *Donne-moi, mon Ami, quelques notes de ta main, et laisse moi veiller, au moins, à la gloire.*

— Ce qu'il y avait de trop flatteur, dans ces mots, m'empêcha d'abord de faire attention à ce qu'ils renfermaient de sinistre. Le rideau ne se déroula, tout à fait, à mes yeux, que lorsque la perspective de l'échafaud me fut offerte, sans voile, dans mon interrogatoire.

Cependant, une fois renfermé dans le cachot provisoire, je réfléchis que la malveillance, qui m'avait fait arrêter si illégalement, au nom de la loi, pouvait aussi, en m'isolant dans une prison, en interceptant toutes mes correspondances, m'empêcher de me défendre, sinon devant mes Juges, du moins devant mes Concitoyens. Alors, je me livrai au travail demandé par mon Ami, convaincu que dans la position cruelle où je me trouvais, accepter les bienfaits d'une belle ame, c'était assez les reconnaître.

Aucun jour ne pénétrait dans mon cachot: cette difficulté ne me rebuta pas. Je portais toujours avec moi du papier, une plume et de l'encre, dans un Baradelle : je m'en servis pour tracer les premiers linéamens de la défense d'Eponine. Un Livre appuyé sur mon Mémoire, et que j'abaissais graduellement, me servait de règle, pour ne point croiser mes lignes. Six heures furent employées à ce travail, d'autant plus fatigant, que n'étant point assis, je n'avais, le plus souvent, que mon genou pour point d'appui; quoiqu'il en soit, je le terminai, et vers minuit, je le rectifiai au Corps-de-garde.

Enfin, vers les deux heures, le Commissaire Pasté vient, avec un Gendarme, me tirer de mon tombeau, et m'amener au Comité de sûreté générale, pour y subir mon interrogatoire.

Mon généreux ami m'attendait depuis près de dix heures dans le passage. A ma vue, il excite un mouvement involontaire dans la garde, se presse près de moi, reçoit mon papier, me serre la main avec émotion, et départ.

Votre nom, Héros de l'Amitié, quoique gravé dans mon cœur, n'échappera pas à ma plume, parce que si le danger semble passé pour moi, il n'est pas encore pour vous. Au moment où j'écris ces Mémoires de ma vie orageuse, des factions terribles s'agitent autour de nous, pour renouveller les tables de proscription des Octave et des Marius, pour faire imprimer la liste des Hommes courageux, qui ont arraché des infortunés à la tyrannie du plus féroce homme du plus lâche des Décemvirats. Nous, digne Ami, je ne compromettrai point votre grandeur d'ame : vous resterez caché à l'Homme vil qui se croit libre, parce qu'il a le pouvoir de renverser la morale ; qui se croit citoyen, parce qu'il a celui d'assassiner : et, tant que ma triste patrie déchirera ses entrailles, ce n'est qu'en baignant de mes larmes ce papier, condamné à un long oubli, que je satisferai au besoin impérieux de ma reconnaissance.

J'étais encore doucement ému : ma paupière était humide, et mon cœur palpitait, lorsqu'on ouvrit devant moi les portes du Comité de sûreté générale.

Il est important, avant de rendre compte du plus étrange des interrogatoires, de dessiner avec exactitude le lieu de la scène ; on en connaîtra mieux les personnages du drame terrible, dont ma mort devait être le dénouement.

Un grand feu était allumé dans la salle du Comité, et une quantité énorme de bougies brûlait sans utilité sur une table d'un immense diamètre, revêtue d'un tapis verd, et couverte d'écritoires et de papiers : je reconnus au premier coup-d'œil, à une de ses extrémités, les quatre pages de mon dénonciateur, à peine déployées, et, à côté, mon

Livre relié d'Éponine, ouvert et marqué dans plusieurs endroits, que le zèle inquiet et l'exaltation du civisme avaient sans doute indiqués.

Au fond de la salle était assis un jeune Homme, plein de lumières, de vrai civisme et de probité, qui avait imprimé quelques feuilles très-indifférentes d'Éponine, et dont on venait de saisir les presses, quoiqu'il fût chargé d'ouvrages précieux par le gouvernement. Ce jeune Homme, que j'avais d'ailleurs justifié d'avance, en me chargeant seul de mon délit philosophique, resta un personnage muet dans tout le cours de nos étranges dialogues.

A quelques pas de moi, on voyait debout les Commissaires, qui étaient venus m'arrêter, et un grouppe de Gendarmes, chargés sans doute de prévenir les desseins hostiles du Philosophe désarmé, qui, pendant quarante ans, n'avait combattu que les préjugés des Peuples et les erreurs des Hommes.

Le Comité, quand je parus, n'était composé que de deux Membres. L'un (Élie Lacoste) se promena presque toujours devant moi, et j'étais obligé de le suivre autour du tapis verd, pour ne point rompre, à chaque instant, le fil de notre dialogue : l'autre (Vadier, si connu par l'épigramme des soixante ans de vertu) dormait, assis au coin du feu, et c'était la véhémence de mes réponses qui le tirait de tems en tems de son sommeil intermittent ; alors il lui échappait, par intervalles, des monosyllabes d'approbation pour son collègue, et de défaveur pour moi : seulement une fois, il se leva, vint auprès de la table, parcourut quelques pages d'Eponine, et dit avec un mouvement d'impatience, qui sembloit renfermer quelqu'intérêt pour moi : « Il n'est pas possible d'écrire mieux : pourquoi » faut-il qu'il y ait tant de danger dans une » pareille lecture ? »

Il est à remarquer, pour la connaissance de l'esprit humain, dans la marche convulsive des Révolutions, que ce sont ces deux Hommes, dont l'un se promenait toujours, et l'autre dormait par intermittence ; que ce sont ces deux Hommes, dis-je, qui, dans une séance d'une heure, ont jugé près de trois volumes in-octavo, d'une Philosophie profonde ; et, malgré trente ans de travaux sagement républicains, avoués dans l'Europe, m'ont traduit devant elle, comme le perturbateur du repos des Républiques.

Comme Élie Lacoste est le seul avec qui j'ai eu un entretien suivi, c'est le seul avec qui je vais être en scène. Je prie d'avance l'Homme de bien qui va me lire, d'être bien convaincu qu'il n'existe ici aucune fiction philosophique. C'est cinq heures après, que renfermé dans ma cellule de Sainte-Pélagie, la tête pleine des choses étranges que j'avais entendues, mon imagination étant calme, et ma raison seule faisant entendre sa voix, je transmis sur le papier cet étonnant interrogatoire ; je le transcris aujourd'hui avec la fidélité la plus religieuse, bornant tout le travail de ma rédaction à omettre les demandes vagues et sans suite, à resserrer le style lâche et sans couleur de mon Juge, et à lier par un fil imperceptible des questions mal coordonnées, pour en sauver l'incohérence.

INTERROGATOIRE.

ÉLIE.

Qui êtes-vous ?

MOI.

Un Homme libre, bien étonné de me trouver ici, et d'y subir un interrogatoire.

ÉLIE.

Ce n'est pas une réponse judiciaire. — Qui êtes-vous ?

MOI.

Eh bien ! vous voyez en moi l'Auteur de la Philosophie de la Nature, d'un Livre qui apprend à l'Homme qui s'éclaire à n'appartenir qu'à soi-même : vous voyez un Homme de lettres, qui était libre, il y a trente ans, lorsque toute la génération de mes concitoyens à genoux devant un trône absolu, s'enorgueillissait d'être esclave.

ÉLIE.

Que nous importe un Livre écrit il y a trente ans ? Il s'agit de celui qui a été saisi aujourd'hui chez vous, et qu'assurément un de nos amis n'a pas fait.

MOI.

Ce qu'il importe, citoyen ! c'est d'expliquer un Livre par l'autre : c'est de faire pressentir que celui qui était libre sous un régime d'esclaves, ne saurait être esclave sous un régime libre.

ÉLIE.

Je lis peu, et je ne connais point cette Philosophie de la Nature : mais, s'il s'y trouve des maximes dignes de nous, c'est que sans doute elles étaient empruntées des Livres des Philosophes : au lieu que, dans l'Éponine, c'est votre esprit qui domine : c'est de vous seul que partent les sophismes perfides que j'ai entrevus, et l'ordonnance odieuse de certains tableaux.

MOI.

Je n'ai emprunté nulle part ce qui est écrit dans mon cœur. Mon premier ouvrage est le fruit de l'imagination exaltée, mais vertueuse d'un Républicain de vingt ans. La plupart des idées philosophiques que j'ai dues depuis à l'étude et à l'expérience, y sont en germe : l'Éponine, dont je suis l'Éditeur, respire toute entière dans cette Philosophie de la Nature : croyez-moi, citoyen, si je n'avais lu que des Livres pour composer mes ouvrages, on ne donnerait, ni à Platon, ni à moi, ce nom (aujourd'hui si profané) de Philosophe : Éponine n'aurait jamais vu le jour, et je ne serais pas ici.

ÉLIE.

J'ai parcouru quelques pages de cette Éponine : il ne m'en falloit que quelques lignes pour voir dans son Auteur un ennemi de la Montagne, un perturbateur.

MOI.

Je pourrais, citoyen, vous arrêter dès le premier mot : vous me qualifiez toujours d'Auteur d'Éponine : qui vous l'a dit ? voyez le frontispice : c'est Platon qui en est annoncé comme le Père ; et moi, je n'y suis traité que de simple Éditeur : mais je suis loin de me prévaloir de cette violation des formes, qui, dans la Législation Anglaise, me mettraient hors de toute atteinte. J'ai publié l'Éponine, et ma probité m'en rend garant aux yeux de la loi. Continuez à me flétrir de cette imputation dangereuse ; je prends sur moi seul le délit, et je laisse à d'autres la gloire de cet ouvrage.

ÉLIE.

Il y a bien de l'artifice dans cette délicatesse. — On ne m'avait pas dissimulé qu'il y avait quelqu'éloquence dans vos écrits : vous voudriez me persuader, sans doute ; mais je vous déclare que mon parti est pris, et qu'en qualité de bon Républicain, je ne veux point être persuadé.

MOI.

Ainsi, vous refusez de m'entendre...

FLIX.

Vous êtes jugé par votre Livre, et il ne reste qu'à vous punir.

Ici, mes genoux chancellent ; je porte machinalement la main sur mes yeux, comme pour épaissir la nuit. Je tout-à-coup, m'animant ; et sortant ensuite de mon silence de stupeur ;

MOI.

Vous voulez ma vie... Eh bien ! ce mot, contre votre attente, me rend tout mon courage. En entrant dans le cachot provisoire, où l'on vient de me jetter, j'ai lu ma sentence sur le mur sanglant et funèbre qui me servait d'appui : alors j'ai abandonné ma tête aux ennemis de la patrie : mais mon nom, toujours pur, mes écrits, toujours chers aux Républicains, des âges de Fabricius et d'Aristide appelleront le retour des loix, et nous survivront à tous deux.

Élie, aussi imperturbable que le Sage de Zénon, sans avoir sa vertueuse apathie, ni ses lumières, au lieu de voiler le tableau de mon supplice, va chercher froidement le volume d'Éponine, qu'il ne tenait que de ma générosité, et m'en lit, avec une espèce de sourire Sardonique, un texte isolé que je vais transcrire. C'est, d'ailleurs, le seul sur lequel la haine patriotique d'Élie se soit arrêtée, dans tout le cours de mon interrogatoire. Il faut observer que ce texte est mis dans la bouche de l'Empereur Joseph II, et qu'il est transcrit fidèlement de la première édition d'Éponine, qui a été publiée en 1791, sous le titre de *Ma République*.

« Philosophe, ta tête s'exalte : tu tiens toujours un peu
» à cet Optimisme du Disciple de Socrate, qui, pour
» les Hommes d'État, ne fut jamais qu'une vertueuse chi-
» mère. Crois-en l'expérience d'un Prince qui, depuis
» plusieurs années, s'exerce à remuer le levier politique
» de l'Europe : quand même la Philosophie aurait orga-
» nisé la nouvelle Monarchie de Louis XVI, ce sont
» des Hommes qui la font mouvoir; et les moteurs pe-
» tits et faibles usent sans cesse, par des frottemens inu-
» tiles, une machine qui, si elle eût marché toute seule,
» était faite pour l'éternité.

» Je connais les ressorts secrets de la Conjuration Fran-
» çaise, contre les Trônes de l'Europe. On a moins cher-
» ché à propager les lumières, qu'à régner par elles :
» des Factieux, qui ne pouvaient avoir d'existence que
» par les troubles qu'ils faisaient naître, ont emprunté,

» pour la justifier, le nom de la Raison; mais celle-ci,
» jamais, ne signa son Manifeste.

» L'avenir jugera, entre ta Philosophie et mon expé-
» rience; mais je crois que l'Insurrection Française sera
» sans fruit, comme elle est sans base. On se dira libre,
» pour tout oser; on acceptera les sacrifices des deux
» premiers Ordres de l'État, pour leur ravir, à main
» armée, leurs propriétés; on nommera Louis XVI,
» Chef de la Révolution, pour faire tomber la Couronne
» de dessus sa tête; et quand tous les délits politiques
» seront épuisés, la Nation, qui ne verra autour d'elle
» que des décombres, reviendra à son premier Gou-
» vernement, à moins que les Rois de l'Europe, ligués
» contr'elle, ne renouvellent, pour la punir, la Tragédie
» sanglante du démembrement de la Pologne ».

ÉLIE.

Voilà du poison, sans doute: celui-ci est bien pur, bien présenté sans mélange.

MOI.

Lisez ce qui précède, et sur-tout ce qui suit: alors vous serez placé au vrai point-de-vue pour juger. Éponine n'est pas un Recueil d'Apophtegmes, qui, jettés isolément, s'apprécient de même; c'est un Ouvrage dramatique, où chaque Personnage parle, d'après son caractère connu. Si vous voyez du poison dans une question de Joseph, lisez la réponse de Platon, et vous y verrez l'antidote.

ÉLIE.

Les Patriotes ne sont point la dupe de ce Machiavélisme philosophique; ils savent qu'il y a un art de mettre en scène certains Personnages : on y fait exposer froidement la vérité qu'on veut proscrire, et avec feu, l'erreur qu'on veut accréditer.

MOI.

Eh bien ! puisque vous ne croyez pas plus à la probité du Philosophe que Néron ne croyait à la pudeur des Femmes, je vais vous donner la clef de cet Ouvrage. Il y a un Héros dominant dans Éponine, comme une moralité dans un Apologue : ce Héros est Platon; tout ce qu'il dit, est l'opinion de l'Auteur; c'est la vérité qu'il veut transmettre aux siècles : le reste n'est amené, que pour faire ressortir les teintes du tableau. Or, cherchez, dans tout le cours du Livre, une pensée de Platon qui renferme une erreur anti-citoyenne, qui soit un blasphême contre une sage République.

ÉLIE.

Si je cherchais des blasphêmes, je ne serais embarrassé que pour le choix. En voici un, sur la nuit mémorable du 6 Octobre, que vous osez appeller la nuit des Régicides. — La nuit des Régicides ! Quelle expression virulente !

M O I.

S'il en était une autre dans la Grammaire du Philosophe, je l'aurais adoptée.

ÉLIE.

Eh ! qui vous a dit, qu'à cette époque, on voulût assassiner le Tyran ?

M O I.

Qui m'a dit qu'on voulût assassiner Louis ? le danger du Président de l'Assemblée Nationale ; le sourire insolent de Mirabeau, au récit de l'invasion ; la fuite de la Reine, à demi-nue ; le massacre des Gardes ; l'impunité, enfin, de cet attentat, qui ne nous a pas moins couverts d'opprobre, aux yeux des Nations étrangères, que l'attentat même.

ÉLIE.

Plus je parcours ce morceau, plus il me semble digne d'un Cazalès, ou d'un Abbé Maury. Quelles sinistres couleurs, pour un pareil tableau ! que de fiel répandu, pour un des plus minces événemens de notre grande et belle Révolution ! que de.... ! Mais, quelle est votre opinion sur ce prétendu danger que courut le Tyran ?

M O I.

Mon opinion sur le danger de Louis ! — Il semblerait que votre opinion n'est pas la mienne, n'est pas celle de tous les Hommes de bien, celle de l'Europe entière.

Vous voulez lire dans mon cœur, plutôt que dans le vôtre. — Eh bien ! je vous estime assez, vous, le Représentant d'une grande Nation, pour vous parler sans détour, pour descendre dans les replis les plus secrets de votre pensée, pour être votre propre interprête.

Il n'existe de Pacte Social, dans un Empire, que lorsque tout Pouvoir légitime y est respecté. Si l'on met le patriotisme à infirmer ce principe éternel, le Pacte est rompu, et la Patrie a perdu sa Souveraineté.

Quel que soit ce Pouvoir légitime, il est sacré, jusqu'à ce que la volonté générale, dont il émane, consultée avec calme, librement émise, sagement exécutée, vienne l'abattre.

Vous

Vous vous plaignez sans cesse qu'on avilit la Représentation Nationale ; qu'on couvre d'opprobre les Saints du Panthéon, dont vous faites l'Apothéose ; qu'on place les Chefs de votre Montagne, entre le poignard du Conspirateur, et la hache de l'échafaud. — Voyez la nuit impunie du 6 Octobre, et jugez-vous.

ÉLIE.

Voilà bien le langage des anti-Républicains : c'est ainsi que leur fiel perce, à travers leur patriotisme d'emprunt. — Mais, vous voilà dans le piège, et nous vous tenons.

MOI.

Vous me tenez ! et vous me le dites avec le sourire de la fureur satisfaite ! vous trouvez donc de la jouissance à voir mes malheurs ! vous êtes juge, et vous connaissez la haine !

ÉLIE.

Eh ! quand je vous haïrais ! N'êtes-vous pas un de nos ennemis, et un des plus dangereux ?

MOI.

Moi, votre ennemi ! moi, qui ne le fus jamais de personne, moi, qui travaillais en silence pour vous sauver, vous, votre Comité, la Convention et la Patrie. — Oh ! que vous connaissez mal l'Homme que son cœur et sa raison firent libre, lorsque toutes les bouches, toutes les plumes s'ouvraient pour la servitude ! Il y a trente ans que j'ai deviné le pur Évangile de la liberté : nos dogmes primordiaux sont les mêmes, et je ne diffère de vos oracles Révolutionnaires, que par les résultats. Non, je ne crois pas qu'il faille bâtir un Édifice de la Liberté, comme un Temple du Mexique, avec des têtes humaines : je ne crois pas qu'il faille tremper sa plume dans le sang, pour écrire des loix qu'il est si doux d'aimer : je ne crois pas que ce soit servir la Patrie, que de faire tomber, à chaque minute, sur des Hommes égarés, la hache Révolutionnaire, quand on opérerait le même effet, en la montrant toujours suspendue...

ÉLIE.

Je vois, par ce vain étalage de Maximes Socratiques, que vous avez trop vécu avec les Livres, et pas assez avec les Hommes.

MOI.

Je lis les Livres dans le calme des passions : voilà pourquoi je les aime mieux que les Hommes.

ÉLIE.

Il fallait fréquenter les Sociétés Populaires, sans lesquelles la liberté n'est rien ; il fallait s'électriser avec la Montagne, avec ses cinquante vrais Romains, qui seuls la constituent, qui seuls ont sauvé la Patrie, et qui seuls, la sauveront encore.

MOI.

Quoi ! un Empire de vingt-cinq millions d'Hommes en serait réduit à n'exister que par une Montagne ! une Patrie, qui aspire à devenir le modèle de toutes celles de l'Europe, ne resterait debout, que parce qu'elle est soutenue par cinquante Législateurs !

ÉLIE.

Ces cinquante Hommes lui suffisent, et les Rois tomberont devant elle, ainsi que les Conspirateurs. — Il vous en coûtera cher, peut-être, de vous être tenu isolé dans votre Bibliothèque, avec ce Plutarque, ou ce Tacite, qui ne vous sauveront pas. C'est avec la Montagne seule, qu'aujourd'hui on s'éclaire : son commerce rend les Livres inutiles; son regard encourage à frapper les Tyrans, et non à composer des Éponine.

MOI.

J'ai le malheur de ne pas connaître un seul de ces cinquante Romains; mais s'ils ont des lumières, et sur-tout, de la vertu, j'affirme qu'il n'en est pas un seul d'entr'eux qui, hors d'un Gouvernement Révolutionnaire, ne se crût honoré de faire Éponine.

Quant au reproche que vous me faites, de vivre isolé, loin des Hommes qui pourraient électriser mon entendement, croyez qu'il n'entre, dans cet éloignement, ni orgueil, ni dédain; c'est une suite naturelle d'un systême long-tems réfléchi, de vivre obscur, pour vivre heureux.

J'avais quelque droit, sous le régime Royal, à des encouragemens, à des distinctions littéraires : eh bien ! pauvre, mais fier, n'ayant jamais mendié de pension, je n'en ai point obtenu : avec un nom, malheureusement condamné à la célébrité, je n'ai été d'aucune Académie.

Le Trône Constitutionnel a été fondé : on m'a fait pressentir pour un Ministère, et j'ai mis la fierté de l'Homme libre à rester simple Citoyen.

Je vais vous surprendre davantage : le Trône commençait à s'abattre, sous la sape adroitement prolongée de la Démocratie : le succès de la première Éponine fit jetter les yeux sur moi, et une adresse imprimée, souscrite des noms les plus respectés, tenta, malgré mes principes bien connus, de me porter à la Législature.

ÉLIE.

En effet, la France s'est bien trouvée d'avoir admis, parmi ses Représentans, tous ces Républicains du régime Royal, tous ces demi-Philosophes de l'École de Socrate, qui écrivent contre la tyrannie, sans savoir frapper un Tyran. — Voyez, par exemple, cet Auteur de *l'an deux mille quatre cent quarante*, ce Mercier le Dramaturge, dont le Peuple avait une si haute opinion.

MOI.

Mercier est un Homme de beaucoup d'esprit, qui fait honneur aux Lettres ; mais il ne fut jamais un Philosophe, encore moins un Homme d'État : il n'a parlé qu'une seule fois à votre Assemblée Nationale; il avait raison, et il a été écrasé par Robespierre.

Quant aux vrais Républicains de l'École de Socrate, à ces demi-Philosophes, ainsi que votre préjugé les nomme, prenez-garde qu'un jour, la Patrie ne soit obligée de les appeller, auprès de son lit de mort, pour cicatriser ses blessures; pour faire respirer le Peuple, que tant de Factieux populaires ont abusé; pour nous donner, après tant d'insurrections infructueuses, qui ont appauvri ses principes de vie, des mœurs, des loix et un Gouvernement.

ÉLIE.

Ils parlaient aussi de la Patrie, ces Hommes qui voulaient anéantir la Montagne; et parmi ceux de cette Faction qui siégeaient parmi nous, j'en connais dix moins dangereux que vous, et qui, peut-être, méritaient moins l'échafaud, où nous les avons envoyés.

Cette apostrophe à la Tibère, ou à la Phalaris, excite un léger mouvement dans la Salle du Comité : les Gendarmes se regardent ; le Législateur assis au coin du feu se réveille : je m'approche de ce dernier, la mort dans le sein, mais le calme de la philosophie dans la tête; et lui adressant la parole, à lui seul :

MOI.

Citoyen, vous ne m'avez pas encore parlé d'échafaud : mon cœur ne se flétrit pas auprès de vous : j'ai besoin de le répandre dans votre sein, et je vous crois digne de m'entendre.

Je ne suis point un Soldat ignoré dans l'armée des Hommes libres : trente ans de combats, de succès orageux et de blessures déposent pour moi : vous me soupçonnez, cependant, de conjurer contre vos loix : eh bien ! c'est en vous servant, que je veux me venger de vos défiances. La Patrie, on ne peut se le dissimuler, est dans un danger éminent ; tout s'écroule autour d'elle ; j'ai étudié, dans le silence de tout préjugé, les causes et les effets de notre dégénération, au milieu du système de liberté qu'on a appelé, pour nous régénérer, et il est résulté, de mon travail, un plan qui, s'il m'était possible de suppléer au génie, par l'enthousiasme du vrai civisme, pourrait vous sauver, vous, vos Comités, les Législateurs et la République.

Le Législateur du coin du feu m'avait fixé avec attention, pendant cette espèce de monologue : *quoi ! me dit-il, avec feu, vous avez un plan pour sauver la liberté ! Voyons : asseyez-vous ici, il faut nous le communiquer.* J'observai à l'Homme aux soixante ans de vertu, que si les idées primordiales de ce plan étaient dans ma tête, les détails se trouvaient consignés dans mes papiers. Je le conjurai de me livrer, pour une heure, à la surveillance de quelques Gendarmes, afin d'apporter, moi-même, ces Manuscrits au Comité; bien convaincu que l'honneur d'Éponine sortirait pur d'une pareille épreuve, et que je sauverais, par le triomphe de ma cause, un nouveau crime à la Révolution.

Pendant que je prononçais cette dernière phrase, l'œil de Vadier se fermait à demi; le sommeil vint de nouveau assoupir ses sens, et ma parole, qui n'avait pu atteindre son cœur, cessa de parvenir à son oreille.

Pendant ce tems-là, l'imperturbable Élie ne dormait pas : il y avait, sur le bureau du Comité, comme dans le Porte-feuille de l'ancien Visir la Vrillière, un grand nombre de Lettres-de-cachet, en blanc, toutes prêtes à être expédiées, pour satisfaire, à l'ombre de la loi, les vengeances individuelles : le collègue de Vadier en prend une, consulte, pour la forme, le vieux Législateur, qui ronfle, pour toute réponse, et la signe, en attendant qu'il s'éveille.

Assurément, la Dialectique, ainsi que la justice, pouvaient être blessées d'un aussi étrange résultat; et j'étais loin de m'attendre, qu'à la demande de sauver la Patrie, un Homme, qui avait la puissance en main, ne me répondît que par une sentence de captivité. Atterré par ce coup de foudre, je m'assieds, en silence, en dévorant mon cœur.

Tout-à-coup, les autres Membres du Comité paraissent, à-la-fois, comme s'ils sortaient des Coulisses d'un Théâtre, et se distribuent autour du tapis : Élie, ayant rempli le mandat d'arrêt, le porte à ceux des Représentans qu'il juge à propos, pour y apposer leurs signatures. Dans ce moment critique, je fais un dernier effort; et tentant d'éclairer tout ce qui n'était ni faible, ni pervers :

MOI.

Non, non, citoyens, vous ne signerez pas un pareil mandat : un seul Homme est ici mon Accusateur, mon Juge et mon Bourreau. On m'a arraché de mes foyers, moi, le plus libre des Hommes, mais le plus sagement libre, pour un Ouvrage imprimé, avant la Révolution de 1792, dont il n'a jamais paru une seule feuille, qui ne devait être publié que de votre aveu, et à la paix de l'Europe. Je réponds de l'authenticité de ces faits, sur ma tête. Soyez dignes d'une grande Nation, qui vous a nommés ses Représentans : songez qu'il est impossible à celui qui a fait la Philosophie de la Nature, de devenir l'Apôtre de la servitude, et au nom de votre gloire, ne me condamnez pas sans m'entendre.

———

Toute cette péroraison, quoique prononcée avec véhémence, fut perdue pour moi, pour les spectateurs et pour le Comité : un murmure bruyant avait pris la place du premier silence : les uns parlaient des détenus des

Départemens, dont ils peuplaient les prisons de la Capitale ; d'autres se partageaient l'Éponine, en lisaient, à haute voix, les fragmens indiqués par Élie, feignant une horreur que, sans doute, leurs lumières repoussaient. David, à leur tête, me dévorait de ses regards farouches, et semblait mesurer, dans sa joie féroce, le faible intervalle qui me séparait de l'échafaud. Quelques membres, seulement, qui n'avaient pas fait divorce avec leur cœur, s'abandonnaient, mais avec réserve, à une pitié froide, qui ne manquait pas de dignité. Ils ne me jettaient que des coups-d'œil furtifs, comme s'ils avaient craint qu'on ne les accusât du délit contre-révolutionnaire d'avoir été sensibles. Ces Hommes éclairés, honnêtes, mais faibles, ne prononcèrent pas un seul mot pour sauver l'honneur de leur Comité ; et mon mandat d'arrêt étant revêtu de toutes les signatures d'usage, dans l'Inquisition Française, on me livra à deux Gendarmes qui me conduisirent, à pied, vers les trois heures du matin, à Sainte Pélagie.

Le premier jour ne me parut, tout entier, qu'un de ces rêves longs et sinistres, que l'usage immodéré de l'Opium procure quelquefois aux Orientaux. Je portais machinalement ma main sur mes yeux, pour savoir si je ne dormais pas : je tâtais mon pouls, pour reconnaître s'il était fébrile : vain palliatif ! J'aurais dû être averti, à chaque minute, de mon réveil, par le déchirement de mon ame, par une soif ardente, et par la douleur.

Ce fut la seconde nuit que, dans le silence des ténèbres, repliant mon ame affaissée, sur elle-même, je vis la perspective de mes longues souffrances, dans toute son étendue. Mon entretien avec le Législateur Élie, le mandat d'arrêt souscrit par le Comité de sûreté générale, sur la foi d'un seul Homme, trente ans de travaux Républicains et d'innocence, livrés à la soif du sang humain, dont s'énorgueillissait un Tribunal Révolutionnaire, tout venait, à-la-fois, attrister ma pensée. Cependant, quand le Ciel et la Terre semblaient m'abandonner, je ne m'abandonnai pas moi même : j'avais à empêcher que la plus digne des Femmes ne fût punie, un jour, de son courage, par l'indigence et par la douleur : j'avais à travailler, pour que mon nom parvînt pur à la postérité, malgré l'opprobre apparent de mon supplice ; et à force d'activité, je réussis, peu-à-peu, dans cette double entreprise.

Ma première pensée se dirigea du côté de ma vertueuse Épouse; et il était tout simple, en effet, que je fusse reconnaissant, avant de songer à me défendre, devant un avenir que je ne verrais pas; que je fisse céder une fierté, même philosophique, à la douce impulsion de la Nature.

Ce plan, pour alléger ma peine, n'était point aisé à exécuter. Alors, commençaient les mesures inquisitoriales, pour interdire aux détenus toute espèce de correspondance : alors, l'infernale Municipalité, qui a enfin terminé sa carrière de crimes sur l'échafaud, étendait sa main de fer sur les Prisons, pour y amener, par degrés, tous les genres de désespoir, et préparer, de loin, le renouvellement des massacres du 2 Septembre.

Ce système raisonné d'oppression que j'ai vu s'accroître, par degrés, pendant cent quarante jours, et dont j'ai suivi, avec constance, la marche, depuis son germe, jusques dans ses derniers développemens, me servit à fixer ma Philosophie sur une des belles questions de la morale, qui ait occupé les Hommes d'État, depuis le supplice mémorable de Socrate.

Voici le résultat de cette question, dont

le premier examen révolta d'abord ma vertu ; c'est que, quand la tyrannie est tout, les principes ne sont rien : quand la loi détruit la conscience, la conscience a droit de s'élever contre la loi : quand une force illégitime comprime toutes les résistances, le pacte social est rompu, et tout le monde est ramené à la défense naturelle.

Ce résultat, consacré d'ailleurs dans les maximes du tems, par la Déclaration des Droits de l'Homme, et par la théorie de l'Insurrection, me parut, à force de réfléchir, d'autant moins alarmant, qu'il pouvait se concilier, dans une ame bien née, avec la douce Philosophie des Penn, des Fénelon et des Marc-Aurèle.

Je sentis, par exemple, que si je bornais ma défense naturelle à faire mon bien, sans opérer le mal d'autrui, en vain on me bannirait du Monde Social, je rentrerais toujours, par la morale, dans l'enceinte des Gouvernemens.

Mais, que signifie la défense naturelle, pour le Juste dans les chaînes, en présence des Tigres armés qui l'assassinent ? La réponse, dans ma théorie, est simple : l'Homme qui souffre, dans un ordre Social qui finit, a les mêmes droits que l'Homme qui souffre, avant que cet ordre Social commence. Il peut et doit rendre inutile la force, avec l'adresse : il le peut, parce que la loi qui comprime toutes les tyrannies individuelles, n'existe pas; Il le doit, parce que la Nature, qui crie dans son cœur, lui dit de se conserver, lui fait entendre que l'existence du Sage, qui gémit, est encore plus précieuse au monde que celle du Scélérat, qui persécute.

De ce droit de délier, avec adresse, ses chaînes, pour en frapper ses tyrans, dérive celui d'employer les ruses les plus heureuses de l'industrie humaine, pour rendre sa situation moins pénible, pour appeler, peu-à-peu, un nouvel ordre de choses, pour enchaîner toutes les tyrannies, et protéger toutes les existences qu'elles écrasent.

L'unique modification qu'une raison éclairée admette, dans cette marche tacite d'insurrection, c'est que la ruse qui me sert ne nuise point à l'être étranger à ma cause; c'est que je fasse mon bien, sans opérer le mal de l'être indifférent, qui n'est ni le mobile de la tyrannie, ni son instrument.

Au nombre de ces ruses de guerre qu'autorise la tactique du Philosophe, il faut mettre l'éloquence du sentiment, l'emploi de son crédit, et sur-tout, l'usage de cet or corrupteur, que la raison cesse de maudire, quand il peut opérer quelque bien dans la Tour de Danaë, et dans les Bastilles des Républiques.

Je pouvais donc, sans blesser la delicatesse de la vertu, attendrir l'être même qui me surveillait, sur mon infortune, l'engager à me servir contre une institution odieuse, que son cœur repoussait; ou, si la sensibilité était éteinte chez lui, comme on devait l'attendre d'un Ministre subalterne des prisons, séduire son ambition par l'appât du crédit, ou payer, avec de l'or, la bassesse de l'Homme qui ne sait pas obliger la vertu qui souffre, en cherchant en soi-même sa récompense.

Ma conscience une fois éclairée sur ces mesures de défense naturelle, que la morale du Machiavélisme a cru dégrader, en les appelant un système de corruption, je m'occupai à faire servir tout ce qui restait de génie, dans mon intelligence affaissée, pour m'ouvrir une correspondance sûre avec ma digne Épouse, pour alléger son infortune, et pour mettre, sinon ma vie, du moins ma renommée à l'abri de toute atteinte, de la part des perturbateurs.

Je réussis plutôt, et plus facilement que je ne l'avais d'abord espéré : je commençai par l'éloquence, et je finis par l'offre de l'or : le succès surpassa mon attente : seulement, pour sauver les apparences, on n'accepta mon or que parce qu'on se disait séduit par mon éloquence.

Ce ne fut qu'après soixante heures que je parvins à faire connaître à ma Femme la prison où j'avais été jetté : je lui rappellais, dans ma lettre, toutes les personnes qui m'étaient attachées par les liens d'une ancienne amitié, ou par l'échange des services : je la flattais de la douce espérance que, du moment qu'elles seraient instruites de mon danger, elles voleraient à son secours ; qu'elles l'aideraient de leurs conseils, et qu'elles l'empêcheraient de mourir de sa propre douleur, et de l'idée de mon infortune.

Je me berçais d'une illusion douce, qui, née avec la rapidité de l'éclair, devait en avoir la durée. Cette illusion avait son principe dans une estime pour la nature humaine, plus sentie que raisonnée : dans un enthousiasme pour l'amitié, qui s'accroissait à raison des efforts qu'on faisait pour l'anéantir : comme si l'Être, comprimé vers la fange par la terreur, pouvait
faire

faire un usage raisonné de sa vertu ! comme si l'Homme des Révolutions était l'Homme de la Nature !

Ma digne Épouse resta donc long-tems dans l'abandon, malgré le témoignage que ses ennemis mêmes rendaient à son courage ; et rien ne prouve mieux que cet isolement de la vertu, combien un rideau de terreur, étendu avec adresse, sur toute la surface d'un grand Empire, y étouffe le germe de la morale, y paralyse l'amour des choses honnêtes, y anéantit tout ordre social. Tacite, Helvétius et Montesquieu l'ont démontré, dans l'Histoire du Despotisme Royal : mais ce désordre a des suites bien plus incalculables, sous le Despotisme Populaire, si bien organisé pour le malheur du Peuple, par les Rois de l'anarchie.

Eh ! qu'a servi à l'Homme de bien de s'isoler, pendant que les Clodius et les Saturnin se confédéraient, pour dresser leurs tables sanglantes de proscription ? L'abandon de la cause publique a t-il servi à la sûreté personnelle des individus ? Les prisons Républicaines en ont-elles moins été peuplées de Patriotes ? La Propagande, aux ordres des Décemvirs Populaires, en est-elle moins venue, au sein des familles les plus solitaires, dévouer le Juste paisible à la mort hideuse de l'échafaud?

Oui, c'est le fatal égoïsme qui, depuis deux ans, a perdu la France : chacun, à la vue des désastres publics, a dit, comme le Sage d'Horace, qu'il s'enveloppait de sa propre vertu, et il ne s'est vraiment enveloppé que de sa propre ignominie; on a tué la morale dans son cœur, pour conserver sa vie, et on n'a recueilli, de ce système de lâcheté, que l'opprobre et la mort.

A Dieu ne plaise, cependant, que je confonde tout ce qui m'entoure, dans mon anathême philosophique! Les êtres qui, jusqu'à-lors, m'avaient fait aimer l'existence, n'ont pas tous répudié leur cœur : si l'amitié n'avait plus été pour moi qu'une longue erreur, aujourd'hui même, que je suis libre, voyant le néant de mes jouissances les plus pures, il ne me resterait qu'à mourir.

Quelques Amis, en très petit nombre, ont osé ne point fléchir le genou devant Baal, ne point reconnaître le Dieu de la terreur, dont l'anarchie faisait l'apothéose : ils se sont rendus suspects, pour que je cessasse de l'être; ils ont bravé les cachots, pour me sauver du supplice; et, contre les conjectures de l'égoïsme, ils vivent encore, pour jouir de ma sensibilité, et du souvenir heureux de leur vertu.

Sois sur-tout distinguée, parmi ces Héros de l'amitié, Femme respectable, dont vingt ans d'habitude m'ont rendu la vertu si chère : toi qui, conciliant avec les besoins de ta belle ame, les devoirs sacrés et de Mère, et d'Épouse, as eu le courage de te montrer, toute entière, à une Femme expirante, de lui offrir tes conseils, le partage de ta bourse, le crédit de tes Amis, l'explosion de ta touchante sensibilité; et malheur à nous, si, au moment où ces lignes se pressent sous ma plume, ma reconnaissance m'empêche de te nommer ! Faut-il que, malgré l'opinion publique, si fortement prononcée, malgré des Décrets vigoureux, malgré le supplice de tant d'Hommes de sang, l'Hydre de la terreur respire encore, sous le couteau qui mutile ses têtes? Faut il que je ne puisse faire ton éloge, sans que l'intolérance politique y trouve la satyre du Gouvernement?

Dès que l'or qui, pour la première fois, cessait d'être dépravateur, m'eut ouvert une correspondance sûre hors de ma prison, j'en profitai pour tâcher d'éclairer le Comité de sûreté générale, sur mon innocence. Telle fut l'origine de mes Lettres imprimées, et de mes Mémoires.

Je n'ai pas besoin d'annoncer que mes Mémoires de défense ne parurent point tels qu'ils étaient sortis du premier jet de ma plume : mes Amis, et sur-tout, celui que j'avais rendu le dépositaire de ma renommée, croyaient plus prudent de capituler, avec des Cannibales, que de laisser prendre d'assaut la citadelle de la vérité. Aussi mon Ouvrage, à force de prudence, devint le leur : les principes trop hardis y furent voilés, avec soin; le flambeau qui éclairait des Hommes pervers, porté dans l'ombre, à un coin du tableau, et quelques transitions étrangères, peut-être, à ma Philosophie, ajoutées à dessein, pour atténuer le poison, non de l'écrit, mais de la manière de lire de ses interprètes.

A cette apologie directe, je joignis diverses lettres aux Membres du Comité qui m'avaient condamné, sans m'entendre; ces lettres, adaptées au caractère de chacun des personnages auxquels elles étaient adressées, avaient une sorte de cachet qui pouvait exciter la curiosité, et motiver, par-là, une réponse.

Une de ces lettres, bien peu faite pour le

féroce perturbateur à qui je la faisais passer, était celle qu'on remit à David, de ma part. Je la transcris ici, parce que je dois dire toute vérité, celle qui me condamne, comme celle qui m'excuse; parce que j'aime mieux rougir, de mon vivant, que de laisser, par mon silence, une tache sur ma mémoire.

« Tu es un Homme de génie : les arts sont
» ton élément, et tu es digne de m'entendre.

» Aies le courage de lire cet essai de dé-
» fense : descends dans ton cœur, et juge-
» moi.

» Être libre, voir ma Patrie honorer les
» arts et relever l'espèce humaine; voilà, de-
» puis près de quarante ans, ce que je pense,
» ce que j'écris, et ce que croira cette Pos-
» térité, pour qui tu as crayonné tes Ouvrages
» immortels.

» Je ne te demande point d'être indulgent,
» mais d'être juste.... Je sollicite une faveur
» plus grande encore, et à laquelle ma fierté
» ne descendrait pas, si j'étais l'ennemi de ta
» cause : je brigue l'honneur de sauver la
» Patrie; et si le Gouvernement m'agrée, ne
» fut-ce que comme simple Soldat, j'en jure
» par ta gloire, elle sera sauvée ».

Et mes Lettres individuelles, et mes Mémoires, tout fut perdu pour ma cause. Il semblait que les Bureaux du Comité de sûreté générale fussent traversés par le Léthé, et qu'on y plongeât toutes les défenses légales des Détenus, afin qu'un oubli éternel leur tînt lieu de réponse.

Pour tenir un peu l'opinion publique en haleine, et me faire pardonner la faiblesse de ma défense, qui pouvait me compromettre devant les siècles, j'envoyai, vers cette époque, aux presses qui m'étaient dévouées, un petit écrit, composé avec la plume vigoureuse d'un Disciple de Socrate, où je me permis de résoudre, à ma manière, l'épouvantable problème sur l'art d'organiser les prisons, dans un Gouvernement Révolutionnaire.

A peine l'Ouvrage était-il imprimé, que le Ciel de la République se rembrunit de plus en plus : Tibère-Robespierre et ses deux Séjans, Dumas et Fouquier-Tinville, changèrent en champ de carnage le parquet du Tribunal Révolutionnaire ; alors mes Amis ne me permirent pas d'être Homme, devant des Tigres, et l'écrit fut supprimé.

Cependant, soixante et dix jours passés dans la plus lugubre des prisons, avaient dégradé en moi les principes de la vie : mon courage était bien de niveau avec mon infortune, mais mes forces ne s'y trouvaient plus; j'existais proprement pour souffrir; et quand je voyais, à mes côtés, s'entr'ouvrir lentement la pierre agreste de ma tombe, j'étais réduit à ne me consoler que par la perspective d'une mort, sinon plus douce, du moins plus faite pour moi que celle de l'échafaud.

Comme le récit des maux physiques que j'ai soufferts ne m'est point personnel, qu'il tend à éclairer la Patrie, sur les malheurs d'une multitude innombrable de ses enfans, que sa justice doit un jour réparer, que surtout, il tient à l'Histoire philosophique de ce qu'on appelle, dans la langue anti-sociale, un Gouvernement Révolutionnaire, je puis, sans égoïsme, en tracer le tableau.

Quand j'entrai dans Sainte-Pélagie, les Détenus ne subissaient pas encore une sorte de question préparatoire : ils ne vivaient point dans un isolement absolu : ils pouvaient se plaindre, sans être traités de Conspirateurs : ils voyaient des Hommes, et on les traitait en Hommes.

Cependant, même à cette époque, l'Homme juste avait droit de s'y plaindre des rigueurs inutiles de la loi; l'Homme pauvre, des attentats faibles, mais multipliés contre sa santé : en un mot, si un coupable robuste pouvait y braver quelque tems l'atteinte des tribunaux, des Républicains de la trempe d'Aristide ou de Phocion, pouvaient y trouver la mort.

D'abord la prison de Sainte-Pélagie, destinée originairement à une espèce de Clôture Religieuse, mais momentanée, pour des Courtisanes, ne pouvait convenir à des Hommes d'État, à des Hommes de lettres, à de vieux Militaires, criblés de blessures, si ce n'est dans les vues étroites d'un Gouvernement Révolutionnaire, qui, ne marchant qu'en se créant des ennemis, tendait à changer graduellement tous les édifices publics de la Capitale en prisons.

L'air en était mal sain, quoique dans la position heureuse du Jardin des Plantes. Il s'y trouvait des Cours, et on s'amusait à y bâtir une prolongation de cachots destinés, par l'effroyable quantité de grilles et de verroux, à braver l'éternité : un jardin en bordait une des faces, et on le remplissait de bois de charpente et de décombres, afin d'avoir un prétexte d'en interdire l'entrée à des Hommes faibles, délicats, qui avaient tant besoin de communiquer, ne fût-ce que par un point, avec la Nature.

Notre sommeil n'était ni pur, ni profond : on nous renfermait, il est vrai, sans distinction d'été ou d'hiver, douze heures entières, dans nos malheureuses cellules, pour y goûter ce repos des sens, dernière ressource de l'Être qui souffre, jusqu'à ce qu'il trouve le repos de la mort : mais combien ce sommeil était pénible et agité ! Tantôt des brigands, déjà condamnés par leurs remords, se faisaient illusion sur le supplice qui les attendait, en poussant, jusqu'au milieu de la nuit, l'orgie effrénée de leurs chants tumultueux et de leur ivresse : tantôt des ministres de la prison, venaient, escortés de gendarmes, enlever avec fracas, pendant ce même repos des ténèbres, des Hommes purs, qui dormaient un moment sur l'oreiller de l'innocence, pour les conduire garotés au Tribunal Révolutionnaire, c'est-à-dire, à l'échafaud.

Parmi les Geoliers de Sainte-Pélagie, il y avait sur-tout un de ces Hommes de sang, ayant la physionomie et l'ame de ces assassins patriotes, qu'on a nommé des Septembriseurs. Il se faisait un plaisir féroce de venir à minuit, à deux heures du matin, ouvrir tour-à-tour les grilles et les verroux de toutes les cellules d'un Corridor, sous prétexte de voir s'il y avait quelque place vacante pour un nouveau prisonnier, mais réellement pour troubler tous les sommeils, pour effrayer toutes les imaginations, pour suspendre l'épée Révolutionnaire de Damoclès sur toutes les têtes.

La nourriture ne formait pas un des chapitres les moins effrayans du Code sanguinaire des prisons. Dans les premiers mois que je passai à Sainte-Pélagie, on pouvait recevoir, il est vrai, des vivres de sa famille : on pouvait en acheter, quoiqu'à des frais énormes : mais enfin, il fallait, ou n'être pas étranger dans Paris, ou jouir d'une fortune honnête, pour subvenir aux premiers besoins physiques. Que serais-je donc devenu, si j'avais été pauvre, comme Homère ou Malfilâtre ! si j'avais été jetté dans notre Capitale, comme cet infortuné Baron de Trenck, qui, tourmenté quarante ans par un despote, est venu, dans sa vieillesse, demander l'hospitalité à des Hommes libres, et n'en a obtenu que l'échafaud !

J'ai vu des Gentils-Hommes, du fond des départemens, venir, couverts des haillons de la misère, la larme à l'œil, et le sceau de la faim imprimé sur leur visage livide, je les ai vus, dis-je, venir en secret dans ma cellule, mandier quelques restes mutilés d'alimens, qu'ailleurs ma délicatesse aurait rejettés, sans pouvoir suivre tout-à-fait la pente de mon cœur déchiré, sans pouvoir les inviter à partager mes faibles vivres, dont je devais l'usage le plus sobre à la position cruelle de ma femme et à sa longue infortune.

J'ai vu d'autres malheureux, aussi bien nés, mais ayant plus de délicatesse dans l'épanchement de leur misère, tenter de se dérober à l'opprobre de la mendicité, en sollicitant la permission de gagner un faible honoraire, par les services les plus vils, qu'ils me rendraient dans mon triste réduit : je me trouvais plus à mon aise avec ces derniers, parce que je pouvais payer cher des services honnêtes, au lieu de nous déshonorer tous, en payant faiblement les viles démonstrations de la servitude.

Quant à moi, je ne commençai à souffrir, soit du défaut des alimens, soit de leur insalubrité, que vers le milieu de ma détention : c'est-à-dire, lorsque la Commune conspiratrice, pour achever de déchirer tous les liens qui nous unissaient à nos familles, imagina ces repas publics d'esclaves, qu'elle appellait dans son ironie amère, des repas de Spartiates.

En général, tout le bien-être dont j'ai joui, soit par rapport aux alimens, soit par rapport aux autres commodités de la vie, je l'ai dû aux attentions délicates de ma femme, à son courage à braver tous les obstacles, à l'intelligence rare, avec laquelle, sans avoir recours à la pluie d'or de Danaë, elle faisait parvenir ses billets consolateurs dans ma prison; ajoutons qu'à ces petits détails de l'amitié, qui procurent des jouissances à chaque instant de la vie, elle savait joindre ces services d'un ordre majeur, qu'on n'a occasion de rendre que dans des circonstances rares, où les convulsions politiques tiennent l'Homme froissé entre la crainte de perdre sa propre estime, et l'opprobre de l'échafaud.

Je ne puis, sous ce point de vue, me refuser au desir d'honorer l'Héroïsme de cette Femme rare, en transmettant quelques-uns de ses traits au Peintre de l'Histoire, chargé de crayonner un jour, sur-tout dans un sexe qui nous a quelquefois servi de modèle, toutes les nuances d'un civisme éclairé, et tous les genres de courage.

Je sais que le style sévère de ces Mémoires

comporte peu l'espèce d'afféterie d'une Épître en vers, quoique composée au sein d'une prison : mais, au milieu des horreurs que ma plume est condamnée à retracer, j'ai besoin d'un point de repos, pour avoir la force de poursuivre ma carrière. D'ailleurs, en traçant ces faibles vers, j'écrivais pour l'Être sensible qui a été témoin de mes malheurs : il trouvera peut-être autant de charmes à lire cette digression, que j'en ai trouvés à la faire : il me pardonnera de paraître un moment oublier mon sujet, pour laisser couler de mon cœur, dans le sien, quelques-unes des larmes précieuses de la reconnaissance (1).

J'avais besoin du calme que la composition de cette Épître fit passer dans mes sens, pour ne pas succomber sous l'excès de mes maux. Malheureusement ce travail fut de peu de durée : j'écrivais avec trop de délices, pour ne pas écrire avec rapidité. L'ouvrage une fois fini, mon ame retomba dans cette inertie, que la Nature fait toujours succéder aux grandes jouissances.

A cette époque, l'état des détenus allait sans cesse en empirant. La Commune, qui peu à-

---

(1) Cette Épître se lit à la fin de ces Mémoires.

peu envahissait tous les pouvoirs, qui soldait les Tribuns des Sociétés Populaires, et se vantait de rendre la Convention même tributaire de son orgueil ; la Commune, dis-je, multipliait les piéges sur nos pas, appellait, par mille tortures nouvelles, nos murmures, et tirait de ces murmures mêmes, un prétexte pour nous envoyer au supplice.

C'étaient les administrateurs de Police, chargés spécialement de l'intendance des maisons d'arrêt, qui se faisaient les Grands Visirs de ces Despotes Populaires. Invisibles, quand il s'agissait de coopérer à des réformes bienfaisantes, ils nous fatiguaient de leur présence importune, quand ils se repaissaient de l'espoir de nous tourmenter ; leur approche glaçait tous les esprits ; ils étaient, pour nous, ces oiseaux sinistres qui viennent croasser autour d'un vaisseau entr'ouvert, à l'approche des tempêtes.

Parmi tous ces Administrateurs de boue et de sang, il en est cependant un, appellé Dumontiez, sur lequel ma plume impartiale aime à laisser reposer l'éloge : il unissait à de beaux cheveux blancs, un front ouvert, un visage serein, où étaient empreintes à la fois la douceur et la dignité : il ne portait aux détenus que des paroles de paix : il semblait que l'horreur de la prison disparût à son approche. Ses collègues, qui n'avaient pu l'apprivoiser avec le sang, ne le laissèrent paraître à Sainte-Pélagie que trois fois ; et ce ne fut pas un des moindres tourmens pour notre sensibilité. Malheureusement cet Ange consolateur tenait de l'Homme par la faiblesse. Associé à des Tigres, il n'osa pas avoir une ame à lui ; et, quand la Commune conspiratrice voulut faire Robespierre Roi, entraîné dans le complot, non par sa perversité, mais par son inertie, il termina, comme elle, ses jours infortunés sur l'échafaud.

La dernière fois que cet Homme de paix vint vivifier notre prison, il parut avec un Tigre à face humaine, nommé Faro, dont mes compagnons d'infortune ont conservé un long souvenir : il ne parlait que le fiel dans la bouche, et la haine dans les regards : nuire était son élément : il semblait, à le contempler à côté de Dumontiez, voir réaliser la Fable Orientale des deux Principes. Malheureusement la lutte n'était pas égale, parce que le génie du bien se contenta de parler, et que le génie du mal agit avec toute l'énergie de la Toute-Puissance.

Il y avait, à cette époque, à Sainte-Pélagie, un Concierge sensible et doux, qui, depuis quatre ans, administrait la prison, au gré des détenus et à la satisfaction du Gouvernement: jamais, dans l'intervalle, la plus légère émeute n'en avait troublé la lugubre tranquillité : il obéissait, en gémissant, aux ordres effrayans de la Commune ; mais il obéissait. On sentait, quand il enjoignait aux Geoliers de prendre des précautions rigoureuses contre les prisonniers, que son cœur n'était point complice de sa bouche : on murmurait d'une barbarie inutile à la chose publique, et on plaignait encore l'Homme de bien, qui s'étonnait lui-même de s'en voir l'instrument.

Ce ne sont pas de tels Hommes, qui peuvent servir la vengeance secrète d'un Séjan ou d'un Robespierre : aussi, un jour que tout semblait, à Sainte-Pélagie, dans la plus profonde sécurité, entre l'Administrateur Faro, avec un inconnu, vêtu plus qu'humblement, qui suivait servilement ses pas. A peine la foule des détenus se rassemblait-elle dans le Corridor, que s'adressant au Concierge, qui lui ouvrait les portes, *tu as l'air d'un honnête Homme*, dit l'insolent Municipal, *mais c'est une physionomie de l'ancien régime, et tu ne nous conviens*

viens pas. En même-tems, sans attendre la réponse du vieillard, il le destitue, et donne sa place au satellite inconnu qui terminait son cortège. On trouve de tems en tems plus de soif de sang humain dans l'Histoire des Catilina Populaires, mais il est difficile d'y rencontrer moins de pudeur dans l'audace, et plus d'effronterie dans la lâcheté.

De ce moment, l'Administration des prisons ne connut plus de frein. L'art de graduer nos peines fut porté, par elle, à un raffinement jusqu'alors inconnu : il semblait que chacun des Membres s'appliquât ce mot célèbre de Caligula : *Frappe-les, de manière qu'ils se sentent mourir.*

Le sensible Concierge n'avait pas encore été destitué avec ignominie, quand, pour consacrer l'égalité de la misère et du désespoir, la Commune imagina les repas publics. A la vue des réclamations sages, mais universelles qui s'élevèrent contre cette institution odieuse, il eut le courage d'écrire, de lui-même, aux Administrateurs, une lettre pathétique, où après avoir tracé nos maux toujours renaissans, il les conjurait, sinon de supprimer, du moins de modifier un mode de nourrir les détenus, non moins onéreux à la Patrie, que fatal à ses Citoyens. La réponse vint, dès le lendemain; et les caractères en sont restés gravés, en traits de sang, dans nos cœurs. *Nous saurons*, disent les Tigres en écharpe, *réprimer les clameurs séditieuses des prisons*. — Il n'y avait eu ni sédition, ni clameurs : on s'était contenté de réclamer, avec ce calme de la Philosophie qui souffre, et qui pardonne; mais c'était l'époque de la prétendue conspiration du Luxembourg, qui fit couler une rivière de sang à l'échafaud Révolutionnaire; et les Tribuns de la Commune, que cet affreux succès avait enhardis, se proposaient de ressusciter le Luxembourg dans Sainte-Pélagie, d'y créer des complots imaginaires, et en les punissant, de s'abreuver, à longs traits, des larmes et du sang de leurs victimes.

Cette conspiration des Autorités constituées échoua contre notre prudence. Tous les bons esprits de la maison d'arrêt, (et il y en avait beaucoup), se portèrent dans les groupes, y parlèrent, tantôt à la raison, tantôt à la sensibilité; firent entendre qu'il y avait un plan de soulever les prisons, pour y légaliser un second massacre du 2 Septembre, et réussirent enfin à faire adopter mon grand principe : que des Martyrs des loix doivent savoir souffrir, se taire et mourir.

C'est, à cette époque, que la Commune, étayée par un Arrêté du Comité de salut public de Robespierre, exécuta, presqu'au même instant, dans toutes les maisons d'arrêt de la Capitale, ces odieuses visites domiciliaires, qui, en achevant de nous isoler dans nos cachots, firent regretter à quelques-uns de nous le supplice plus terrible, mais moins prolongé, d'être enfermés dans le Taureau d'airain du Tyran d'Agrigente.

L'appareil de cette visite ne fut pas moins sinistre que la visite même. On nous retint, pendant plusieurs jours, sous nos triples verroux, sans pouvoir communiquer, même avec nos Geoliers ; ne recevant un pain mat et décoloré, de l'eau fétide, et un brouet de haricots, que de quelques Satellites passifs, qui ressemblaient aux Muets du Sérail. Là, nous nous abreuvâmes à loisir des pensées les plus lugubres, attendant, à chaque instant, qu'on vînt nous égorger dans nos Cellules, et quelques-uns s'occupant à défaire les traverses de leur bois de lit, pour défendre leur vie contre la horde de leurs assassins.

Pour moi, je ne partageai pas ces mortelles

alarmes : malgré la vigilance de la Commune, l'or, plus fort que la tyrannie, m'avait fait éventer le secret de ces visites. Je savais qu'il ne s'agissait que de voler légalement aux Détenus, leurs armes, leurs assignats, leur numéraire et leurs bijoux ; et j'en avais même été instruit assez à tems, pour faire passer à mes voisins mon pressentiment et mes lumières.

J'avais du papier-monnaie, deux montres, et sur-tout, quelques pièces d'or, débris de mon humble fortune, que j'aurais moi-même foulés aux pieds, si l'usage ne m'en avait été commandé, pour correspondre avec ma digne Épouse, et alléger sa touchante infortune. Quelque pénible que fût, à l'industrie, le moyen de cacher sûrement ces objets, dans un réduit de six pieds en quarré, formé d'une muraille continue en pierres de taille, où il n'y avait ni carreaux, ni lambris, ni armoires, cependant j'en vins à bout, et de manière à dérouter tous les Argus de la Propagande de Robespierre.

C'est à cette occasion que je reconnus, plus que jamais, combien le système de terreur, adopté dans un Gouvernement libre, est coupable dans son principe, et sur-tout, inepte dans ses moyens. Aucune des mesures employées pour comprimer les murmures qu'on fait naître, ne remplit le but qu'on se propose. Si le Tyran est ingénieux à opprimer, la victime l'est encore plus à se dérober à l'oppression. J'ai observé que dans le tems où la surveillance était la plus rigoureuse, dans Sainte-Pélagie, les prisonniers mêmes qui étaient au secret, savaient toutes les nouvelles publiques qu'il était le plus important de leur cacher. Je suis surpris que la Commune rebelle n'ait pas imaginé de faire venir, à grands frais, des Eunuques Sourds et Muets de Constantinople, pour garder les Détenus ; encore y aurait-il une langue de pantomime, dont la tyrannie aurait à se défier. De quelque manière que s'agitent les Couleuvres de la haine, je rendrai inutiles leurs sifflemens : du moment qu'on me laisse communiquer avec un Homme, si j'ai de l'or, de l'esprit de suite et du courage, dans ma vertu, je suis sûr, à la longue, de le séduire, fût-il le Geolier de Phalaris, le Bourreau de Louis XI, ou l'incorruptible Robespierre.

Enfin, la visite domiciliaire s'exécute : on ouvre, avec fracas, la porte à gonds d'airain de ma Cellule, et je vois entrer un Maître d'École du Faubourg Saint-Victor, revêtu de l'écharpe Républicaine, avec un cortége de Secrétaires, et le plus impitoyable de nos Geoliers, qu'on appellait le Septembriseur de la prison. On me demande mes armes, mon porte-feuille, mon numéraire et mes bijoux : je donne un couteau, un canif, que j'avais dédaigné de dérober aux recherches, et j'y joins une envelóppe mutilée de parchemin, où se trouvaient, en petites monnaies d'assignats, quarante-quatre livres. L'Inquisiteur compta cette somme jusqu'à trois fois, bien fâché que la loi, qui lui ordonnait de me laisser cinquante livres, l'empêchât d'assouvir sa rapacité. Pour moi, indigné des calculs de cette ame vile et basse, je lui demandai, en souriant, à la clôture de mon compte, s'il ne devait pas me donner six livres, au nom de ses Mandataires, pour completter ma somme : le Municipal rougit de se voir deviné : il me lança un regard de fureur; et si ce regard avait appartenu à la tête de Méduse, j'aurais été pétrifié.

Quand on eut entre les mains mes armes et mes quarante-quatre livres, l'ordre fut donné de me visiter, avec autant de rigueur que si je n'avais rien déclaré. Le Septembriseur commença ses recherches sur ma personne, et il le fit avec toute l'effronterie et toute la lâcheté, soit de son ame, soit de sa place. La perquisition fut vaine : je n'avais, sur moi, que ce que la loi inquisitoriale me permettait de posséder. La visite de mon lit, de mes effets et de l'intérieur de ma Cellule ne produisit pas plus de lumières : j'en savais plus que mes lâches persécuteurs; et ce qui distinguait ma tactique de défense de leur guerre offensive, c'est que je ne leur tendais des pièges que pour éclairer, un jour, la loi, et sauver de l'indigence l'héroïsme de ma Femme, et sa vertu.

Il s'en faut bien que mes compagnons d'infortune sortissent tous de l'épreuve aussi satisfaits que moi ; il y eut des Nobles du fond des Départemens, et sans ressource par conséquent du côté de la Capitale, à qui on enleva jusqu'à dix mille francs, dans leur portefeuille : un Officier général, dont l'unique délit était, non dans son incivisme, mais dans son nom, avait soustrait aux gardiens de ses scellés deux cents cinquante louis et une somme considérable en assignats, pour subvenir aux besoins de sa femme détenue comme lui, et rendre moins pénibles les infirmités de sa vieillesse ; tout fut saisi, à cinquante livres près ; et encore le Geolier Septembriseur, qu'il avait accablé de ses bienfaits, se plut à insulter à son infortune : c'était à minuit que la recherche se faisait ; le féroce Argus se plut à étaler un à un les deux cents cinquante louis sur le drap du lit, dont le respectable militaire venait d'être arraché ; l'on prétend même que l'Administrateur, qui présidait à l'expédition, ajouta avec un sourire sardonique, qu'un lit d'or n'était pas assez mou pour le sommeil fugitif d'un Aristocrate.

Les Femmes furent encore moins respectées que les Hommes, dans ces recherches nocturnes et odieuses : elles habitaient à part, dans un second corps-de-logis de Sainte-Pélagie ; et nous pouvions, sous l'ancien Concierge, nous entretenir avec elles au travers de nos grilles et de nos barreaux : l'une de ces infortunées avait même obtenu la permission de venir dans notre corridor, panser tous les jours les blessures de son mari, vieillard septuagénaire, accablé d'infirmités, dont les jambes ouvertes tombaient en cangrène. C'est d'elle que je tiens les détails qu'on va lire, détails, qui, tout serrés qu'ils sont sous ma plume, n'en sont pas moins pénibles pour elle que pour l'imagination des Êtres sensibles, à qui j'en offre le tableau.

Les infortunées furent toutes mises au secret, pendant qu'on procéda à l'odieux inventaire des propriétés, dont elles croyaient jouir à l'ombre de la loi.

A mesure qu'on ouvrait une cellule, le Municipal y entrait avec son cortège, interrogeait, menaçait, verbalisait ; ensuite on introduisait une Femme de Geolier, chargée de faire le rôle de notre Septembriseur ; et, pendant ce tems-là, l'Homme en écharpe, ainsi que sa suite, se tenait, par un reste apparent de décence, en dehors de la porte, qui restait entr'ouverte.

La Geolière était consommée dans l'art ténébreux des Agens qui la mettaient en œuvre. En un clin-d'œil, tous les réduits imaginés par la crainte et soupçonnés par la défiance, furent dépouillés des effets précieux qu'on avait tenté de soustraire aux regards de la Propagande.

Les visites sur la personne consumèrent plus de tems, parce qu'étant plus odieuses, elles offraient plus de jouissances à la perversité : ces visites se firent d'une manière atroce : le civisme connu, l'Age, les incommodités ne servirent à personne de sauve-garde : après avoir fouillé la détenue toute habillée, on lui enlevait pièce à pièce presque tous ses vêtemens, pour en scruter encore tous les replis : l'infortunée, de qui je tiens ces faits, fut elle-même, à un voile près, mise dans une parfaite nudité.

D'autres essuyèrent encore de plus grands outrages. Après avoir défait, avec violence, toutes les tresses d'une longue chevelure, on portait une main effrénée dans le sein, on violait les asyles les plus secrets de la pudeur, pour rencontrer quelques frivoles bijoux, que d'ordinaire une Femme qui s'estime, dédaigne trop, pour les voiler aux dépens de son innocence.

Ces recherches, non celles de la personne, mais celles des réduits des cellules, produisirent des sommes immenses : on évaluait la dépouille de la seule Princesse de Monaco, à quatre-vingt mille francs.

Le sort de l'Amie de la Princesse, qui me contait ces anecdotes, fut bien plus déplorable encore. Elle s'appellait Davaux, et était Femme d'un Lieutenant Général du Présidial de Riom, qui avait exercé quarante-deux ans sa place avec une intégrité reconnue, dans tout son Département. L'infortuné avait, comme je l'ai déjà indiqué, outre le poids de l'âge, d'effrayantes infirmités. Sa digne Épouse vit bien qu'une route de quatre-vingt lieues, sans secours, sans Médecin, au milieu des imprécations d'un peuple égaré, était un arrêt de mort, et elle voulut partager le sanglant sacrifice. Elle n'avait contre elle aucun mandat d'arrêt; et libre, elle monta sur la charrette, pour rendre à son Époux tous les services de la tendresse et de la vertu. Il est probable que cette victime volontaire fut jugée de bonne prise par les Tigres aux ordres des Décemvirs: car, à son arrivée à Paris, elle fut renfermée elle-même à Sainte-Pélagie, et traduite quelques mois après au Tribunal Révolutionnaire.

O honte! O crime! Ma plume chancelle, mon cœur se serre, et mes larmes amères ne peuvent couler. Cette Femme connue par soixante ans d'estime publique, cette Héroïne de l'amour conjugal, cette nouvelle Arrie, à qui Rome aurait érigé des statues, eh bien! un quart d'heure d'interrogatoire a décidé de son sort; et elle a péri sur l'échafaud, à côté de son Époux innocent, qu'elle tenait embrassé.

Pendant ce tems-là, les autres prisons de la Capitale, envoyaient à l'Inquisition Révolutionnaire leur tribut de sang humain. La tête du Parlement de Paris, parce qu'elle était éclairée, l'élite de la Ferme Générale, parce qu'elle passait pour opulente, tombaient tour-à-tour sous la hache de la Propagande Républicaine : on imagina la révolte du Luxembourg, pour envoyer à-la-fois au supplice cent soixante victimes. Les Géomètres de l'Académie de Robespierre se plaisaient à calculer, dans leurs bruyantes orgies, que le Tribunal n'avait mis que cinquante-huit minutes à interroger soixante accusés, tandis que le Bourreau en avait mis soixante-sept à les faire mourir sur l'échafaud.

Mon tour d'être dévoré dans l'antre du Cyclope Fouquier-Tinville, approchait : mon pressentiment était d'autant plus juste, que, dès 1791, j'avais signalé Robespierre à mes contemporains, comme le plus lâche brigand qui fût destiné à opprimer l'espèce humaine : il est aisé d'en voir la preuve, à la page 152 du tome X de la première Éponine : et, comme le sang vindicatif des Atrée et des Richelieu coulait tout entier dans les veines de ce vil et atrabilaire Grand Visir, j'avais évidemment écrit, sur les pages courageuses de mon Livre, l'arrêt de ma mort.

Je ne trouvai d'autre moyen de faire diversion à cette idée déchirante, que de concentrer toutes les puissances de mon entendement sur quelque ouvrage littéraire : j'avais entre mes mains Horace et Platon : je fis une imitation libre, en vers, de l'allégorie du Poëte à son vaisseau (1); et je recueillis le reste de mes forces pour traduire le Timée du Philosophe, le plus riche et le moins connu de ses dialogues.

Ces deux ouvrages se terminaient à peine, quand j'appris qu'un Triumvir, que je n'avais jamais vu, qui ne me connaissait que par la Philosophie de la Nature, avait promis à ma digne Épouse de faire effacer mon nom des tables sanglantes de proscription : c'était Barère, qui, né enthousiaste des lumières, et par conséquent ennemi de l'effusion du sang, ne flatta jamais les Tigres avec lesquels il partageait la toute-puissance, que pour circonscrire l'enceinte de leurs fureurs ; qui, Catilina peut-être à la Tribune, parce que son Comité lui prescrivait impérieusement les

---

(1) Voyez cette Allégorie à la fin de ces Mémoires.

formes incendiaires de ses rapports, n'était plus hors de la Convention qu'Aristide, se livrant à une bienfaisance secrette, dont tous les individus, qui pouvaient l'approcher, ressentaient les influences tutélaires. Je sais que, dans un moment où l'on ne voit encore les objets qu'au travers du Prisme des factions, ce portrait ne plaira à personne. Les oppresseurs de la France voudraient y voir de l'idolâtrie, et les victimes tout le fiel de la rage : mais je me suis placé, pour le dessiner, à un point de vue, où le Peintre ne saurait être que vrai, à l'instant terrible, où j'attendais de la Nature le signal de cesser d'être ; je voyais arriver la fin de ma carrière, quand je pris mes crayons ; et je déclare que cet éloge simple et mesuré était destiné à l'Histoire, long-tems avant que mon cœur en fît un devoir à ma reconnaissance.

Mon acte de liberté était déjà signé de quelques membres du Comité, quand la journée mémorable du 10 Thermidor arriva. Cette journée qui devait amener la crise de la longue maladie du Corps politique, s'était annoncée à nous, sous les auspices les plus sinistres. Nous avions entendu, toute la nuit, sonner le tocsin : la Garde de Sainte-Pélagie nous avait paru redoubler de surveillance. Ceux qui, d'entre nous, ne goûtaient que ce sommeil fugitif et interrompu qu'on doit moins au bienfait de la Nature qu'à l'affaissement des organes, attendaient, dans des transes mortelles, le retour de la lumière, qu'à peine ils osaient espérer. Pour moi, qui m'étais endormi avec quelque sérénité, je me réveillai de même. La pureté de mon repos semblait présager celle du jour qui allait éclairer les derniers soupirs de l'anarchie.

A peine les triples verroux qui nous renfermaient dans nos Cellules furent ils ouverts, que des cris confus et mille fois répétés, partis de l'Hospice de la Pitié, nous attirèrent à l'extrémité du Corridor, d'où l'on pouvait le mieux les entendre. Nous reconnûmes, en effet, deux ou trois cents enfans, qui, serrés en masse sur une esplanade, exécutaient une espèce de Pantomime, dont nous seuls, à leur gré, devions avoir l'intelligence. Les uns levaient en l'air des bandes de papier, chargées d'inscriptions; les autres figuraient une lutte entre divers corps d'Athlètes : un grouppe plus dominant que les autres était à genoux, et une espèce d'Exécuteur public faisait mine de lui trancher la tête. Il était évident que tout ce spectacle désignait une grande Révolution : mais, amenait-elle notre supplice, ou notre délivrance ? C'est ce que l'expérience philosophique ne pouvait déterminer. La privation de Télescopes nous empêchait de lire les inscriptions, et l'éloignement du lieu de la scène nous mettait hors d'état d'entendre les Acteurs.

L'intrigue se dénoua d'elle même, dans la matinée. Un Geolier qui avait un cœur, (ce qui était rare, dans les prisons organisées par Robespierre), vint nous annoncer la Révolution mémorable de la nuit : il nous ajouta, avec émotion, que notre vie avait tenu à un fil; que le Général Hanriot avait donné l'ordre de désarmer les Gendarmes de service à Sainte-Pélagie, et que le plan était de nous faire massacrer tous, si, comme on n'en doutait pas, le Pouvoir suprême, sous quelque nom populaire, était déféré à Robespierre.

Ce péril, le plus grand de tous ceux qui menacèrent ma vie, fut aussi le dernier. Le surlendemain, les deux Comités de salut public et de sûreté générale signèrent mon acte de liberté ; et après cent quarante jours de la détention la plus injuste, comme la plus rigoureuse, je fus rendu à ma Femme, à mes Amis et à la République.

ÉPITRE

ÉPITRE
A EURYDICE.

(Elle répond à la page 77 de ses Mémoires).

Victime du beau Sexe, armé pour son supplice,
Orphée, en expirant, chantait son Eurydice :
Je ne suis point Orphée : et dans cette Prison,
Où des crimes d'autrui l'on veut que je gémisse,
Si j'avais son génie, en prendrais-je le nom?
Un Luth résonne-t-il, quand le crime et la guerre,
   Cherchant par-tout des revers éclatans,
Viennent, avec fracas, ensanglanter la Terre?
     Et l'aimable Oiseau du Printems
   Chante-t-il au bruit du Tonnerre ?
Non, Paris, sans ses arts, Paris pauvre, éperdu
Dans ses murs, de long-tems, ne pourra donner place
   Au Chantre immortel de la Thrace,
Qui semble dans sa tombe à jamais descendu.
Mais, s'il n'est plus d'Orphée, il est une Eurydice :
Eurydice, du Ciel présent pur et sacré ;
O toi, dont la candeur sait te rendre propice
   Jusqu'à ce Peuple, en secret égaré,
Qui, quand je veux sa gloire, appelle mon supplice ;
Objet toujours vivant dans mon cœur déchiré,
Dans la Coupe du mal je bois avec délice,
   Quand ta vertu me contemple à son gré :
Il faut bien qu'avec toi mon ame s'aggrandisse,
Lorsque de mon Pays, vainement adoré,

                 A.

ÉPITRE

Tu viens, par ton courage, expier l'injustice.
Oui, je dois à tes soins, à ton puissant secours,
Si ma frêle Nacelle évita le naufrage,
    Et si le dernier de mes jours
Peut encore pour moi se lever sans nuage.
C'est toi qui, par vertu, sachant t'humilier,
Implorais, à genoux, la bienveillance utile
    Et du Plébéien indocile,
    Et du Législateur altier :
    Quand l'Égoïsme sybarite,
Au ton bénin, à la mine hypocrite,
Ne trouvait de salut qu'à se faire oublier.
Ah ! du bonheur, l'oubli fut, sans doute, le père :
Moi-même, avec Platon, et Tacite, et Mably,
Dans le même tombeau long-tems enseveli,
    Pour me créer un sort prospère,
J'appelai, sur ma vie, un éternel oubli.
    Vain appareil, placé sur ma blessure !
Vain espoir, qui sourit à ma crédulité !
    Quand aux Humains, dans leur minorité,
On a montré le Code écrit par la Nature,
Du Sacerdoce altier, dévoilé l'imposture,
Et fait luire à vingt Rois, sensibles à l'injure,
    Le flambeau de la vérité,
On ne dérobe point une existence pure
    Au poison lent de la célébrité.
Trop heureux, cependant, si mon cœur doit te croire,
Que par d'anciens Écrits, jugés encor nouveaux,
Ayant un faible titre au néant de la gloire,
    L'aspect de trente ans de travaux
Doive empêcher un jour de flétrir ma mémoire !
J'écoute trop, peut-être, un sentiment d'orgueil ;

A EURYDICE.

S'il en est, toutefois, quand on touche au cercueil,
Eh bien ! à l'Homme heureux laissons cette fumée,
Qui s'exhale, en s'offrant à l'œil qui la poursuit,
 Et qu'on nomme la Renommée.
Je dois rendre le calme à ton ame alarmée,
En tirant mes erreurs des ombres de la nuit.
Mes erreurs, Eurydice ! ah ! par les coups divers
Qui tiennent si long-tems mon courage à l'épreuve,
 Par les poisons dont mon ame s'abreuve,
Sans doute, elles ont fait les maux de l'Univers.
Mais non. Mon Eponine, en tout tems, se respecte :
A ces Rois qui sur nous promènent leurs fureurs,
 A ces Tribuns persécuteurs,
Aujourd'hui Souverains, autrefois vils Insectes,
Arrachant, mais sans fiel, leurs masques imposteurs,
Jusques dans son courage on la voit circonspecte :
Vingt fois elle occupa ton loisir enchanteur,
 Sans que jamais un poison corrupteur
S'exhalant, avec art, d'une page suspecte,
 Vînt par tes yeux se glisser dans ton cœur.
Que dis-je ? De ce Livre où tu trouvas des charmes,
Souvent, plus d'un feuillet fut baigné de tes larmes.
Des larmes ! ce mot seul m'a rendu mon honneur.
Les larmes, au cœur pur tiennent lieu d'éloquence :
 Elles font parler le silence ;
Jamais on n'en obtint d'un Ouvrage rampant,
Ni de l'œil desséché d'un pervers, ou d'un lâche :
 C'est la vertu qui les arrache ;
 C'est la vertu qui les répand.
Oui, mes Écrits qu'en vain flétrit la calomnie,
 Fondant les loix sur la base des mœurs,
Des Peuples divisés rappellant l'harmonie,

Des yeux de l'Homme neuf faisant couler des pleurs,
Malgré l'absence du génie,
Du Tems qui détruit tout craignent peu les fureurs.
. . . .
Sur-tout, et j'en fais gloire, en ces momens d'orages,
L'esprit de paix, la douce égalité,
L'espoir d'unir les Tyrans et les Sages,
Sur l'Autel de l'humanité,
La tolérance, enfin, vertu des premiers âges,
Qui ne semble un délit qu'à la perversité ;
Voilà l'heureux cachet mis sur tous mes Ouvrages.
. . . .
Vains titres sur lesquels mon bonheur se repose !
Peut-être, dans cent ans, ces services divers
Me vaudraient une apothéose :
En ce moment, ils me valent des fers.
Des fers ! ô moitié de ma vie !
Des fers à moi, dont la plus douce envie
Fut d'en affranchir l'Univers !
Que ces fers servent bien le fiel qui me consume !
Non, qu'en mon ame fière ils jettent la terreur :
Mais je vois dans ton sang la fièvre qui s'allume ;
Ils pèsent sur mes mains, bien moins que sur ton cœur,
Pressentons, cependant, un destin plus prospère :
Tout nébuleux qu'il est, le Ciel va s'épurer.
L'Esclave couronné dans lequel on espère,
Sur son Trône mobile est fait pour s'égarer ;
Mais un Peuple ne peut errer ;
Et sous son nom lorsque le mal s'opère,
Avec éclat il sait le réparer.
Je reverrai mes foyers solitaires :
Ils y seront, ces Anges tutélaires,

A EURYDICE.

Et sur-tout, ce Héros de ma digne Moitié,
Dont le civisme pur embrassant ma défense,
　Par son courage, et par son éloquence,
Désabuse un moment ma longue expérience,
　　Sur le néant de l'amitié.
　　　Et toi, céleste Intelligence,
　Toi qui suspends, par ta douce puissance,
　Mon ame errante au bord du monument,
Je baignerai ton sein des pleurs du sentiment :
Et si, par tant d'assauts, mon ame anéantie
Exhale dans tes bras les restes de la vie ;
　　Consolé par ton tendre amour,
　　Par les regards de ma Patrie,
Ma fin n'est plus, pour moi, que le soir d'un beau jour.

TRADUCTION LIBRE

DE L'ODE ALLÉGORIQUE D'HORACE,

A SON VAISSEAU.

(*Elle répond à la page 95 de ces Mémoires*).

Vaisseau, dont, sur mon cœur, j'ai l'image chérie;
   Enfin, tu pars, incertain sur ton sort;
Tu pars; et malgré moi, mon ame est attendrie;
Sur son bord entr'ouvert, quand on voit la Patrie,
   Devrait-on s'éloigner du Port? (*a*).

Au malheur qui t'attend songe avec amertume :
   Par l'Aquilon vois ton mât ranversé ·
Tes voiles en lambeaux, que la Foudre consume,
Et les flots en courroux, d'une sanglante écume,
   Couvrir ton tillac fracassé. (*b*).

(*a*)   *O navis! referent in mare te novi*
    Fluctus ! ô ! quid agis? Fortiter occupa
    Portum.
(*b*)   *Nonne vides ut*
    Nudum remigio latus?
    Et Malus celeri saucius Africo
    Antennæque gemunt : ac sine funibus
    Vix durare carinæ
    Possint imperiosius
    Æquor.

ODE D'HORACE.

Le Pilote observait, au fort de la tempête ;
L'air en courroux, et la mer en travail :
Le Tonnerre l'atteint, sans que sa main s'arrête :
Et la vague recule, à l'aspect de sa tête,
    Ensanglantant le gouvernail. (*c*).

Dieu reste au malheureux, lorsque tout l'abandonne :
Sa douleur cesse, en touchant les Autels.
Vain espoir ! Rome seule et punit, et pardonne :
Seule, elle tient la Foudre, et du Ciel qui s'étonne,
    Elle a banni les Immortels. (*d*).

Navire infortuné, ton orgueil te console :
    Quand le Tonnerre éclate en longs sillons,
Tu dis : je règne en paix où commandait Éole :
Je montre, en Souverain, l'Aigle du Capitole,
    Respirant sur mes pavillons. (*e*).

De ta proue en airain tu vantes la sculpture,
L'or dont ta pouppe a son orbe embelli :

(*c*) Au lieu du Vers vulgaire :
    Non tibi sunt integra lintea ;
Un Manuscrit porte ces mots énergiques :
    Non tibi dux : non capite integer
On sent assez qu'il s'agit ici de César, assassiné au milieu du Sénat, pour avoir été trop généreux après ses victoires.

(*d*) *Non Di, quos iterum pressa voces malo.*
(*e* et *f*)   *Quamvis Pontica Pinus*
    Sylvæ Filia nobilis,
    Jactes et genus et nomen inutile ;
    Nil pictis timidus navita puppibus
    Fidit.

ODE D'HORACE.

Que peut ce vain éclat, pour vaincre la Nature ?
Le néant de la mort attend ta gloire impure
   Et tes arts plongés dans l'oubli. (*f*).

Et les Mers, et les Vents, et ton propre rivage,
  A tes regards offrent un triple écueil :
Tremble, qu'un jour, du Monde expiant le ravage,
On ne voye engloutir dans le même naufrage
   Ton nom, tes loix et ton orgueil. (*g*).

STROPHE D'ENVOI.

Rome, de mon amour objet cruel et tendre,
  Qui m'opprimais, quand je suivais ta loi,
De ton sort, aujourd'hui, mon destin va dépendre :
Et si de tes fureurs je ne puis te défendre,
  Je saurai périr avec toi. (*h*).

(*g*)   *Tu nisi ventis*
   Debes ludibrium, cave.

(*h*)   *Nuper sollicitum quæ mihi tædium,*
   Nunc desiderium, curaque non levis,
     Interfusa nitentes
     Vites æquora Cycladas.

PRÉFACE.

ME sera-t-il permis de réunir ici, sous le même titre, le mot de *Philosophie*, et celui de *Bonheur*, lorsque nous sortons à peine d'un Gouvernement de sang, où le premier de ces mots désignait une injure, et l'autre, un fantôme?

Oui, j'en ai le droit, puisque je respire encore; puisque je puis m'honorer d'un nom proscrit; puisque déjà, je suis heureux du bien que la Patrie médite de faire au Genre humain.

J'en ai le droit, puisque le Philosophe, redevenu propriétaire de sa pensée, n'a pas besoin, pour conserver des jours flétris, d'imiter le Sénat de Tibère, et de fatiguer des Despotes

Républicains des hommages de la servitude.

J'en ai le droit, puisque le bonheur, exilé cinq ans de la France, s'apprête à revenir, avec le cortège des mœurs et des loix, pour rentrer dans son héritage.

Les deux volumes de cet Essai philosophique sur le bonheur étaient en germe, dans vingt pages de la *Philosophie de la Nature*.

Platon est venu : il a tiré de la carrière ce diamant brut et décoloré ; et après l'avoir taillé en facettes, il l'a adressé, comme un présent de noces, à son Éponine.

La curiosité, soit populaire, soit philosophique, s'exercera, sans doute, sur la personne de ce Platon. On se demandera quel rapport il peut y avoir, entre l'Athènes de Périclès, et celle de Robespierre; entre un Livre sur l'art d'être heureux, transcrit, obscurement, sous notre Tyrannie Décemvirale, dans un cachot de Sainte-Pélagie, et le brillant Auteur de la *République*, dont le génie a éclairé de quelques rayons la décadence de la Grèce, et vengé la Philosophie des attentats, soit de la Politique, soit du Sacerdoce, par l'apothéose de Socrate.

Il ne sera résolu, de ce problême, dans le cours de cet Ouvrage, que ce qu'il en faut, pour en lier toutes les parties éparses, pour ne point arrêter la marche de la scène, et ne point refroidir l'intérêt qui résulte de la situation dramatique des premiers personnages.

Pour le rideau tout entier, il ne doit être déchiré qu'à la publication de l'Ouvrage, le plus fait pour alarmer toute Tyrannie, soit Royale, soit

Républicaine, à la publication d'*Éponine*.

Au reste, que fait un nom contemporain, au mérite d'un Livre qu'on a tenté d'écrire pour les siècles ? Si un Essai sur le bonheur remplit mal son titre, l'Auteur, même connu, reste sans nom; et quelques syllabes de plus sur un Frontispice ajoutent peu à la jouissance, quand on a senti couler quelques larmes généreuses, à la lecture de l'Ouvrage.

La *Philosophie du Bonheur* a été imaginée, au milieu des convulsions du Gouvernement Révolutionnaire, et lorsque les Gens de bien de toutes les Classes n'avaient guères que l'infortune pour signe de ralliement. Ajoutons, ce qui est encore plus digne de surprise, qu'elle a été écrite dans les fers, et quand la gloire des Lettres était sur le point, pour son Auteur, de se confondre avec l'opprobre de l'échafaud.

Ainsi, Archimède travaillait à défendre sa Patrie contre la tyrannie de Rome conquérante, quand un Soldat de Marcellus vint lui ordonner de cesser d'être : ainsi Brutus-Sidney et Caton-Malesherbes écrivaient, l'un pour que l'Angleterre ne restât pas en-deçà de la liberté, l'autre, pour que la France n'allât point au-delà, lorsque les Phalaris qui faisaient peser impunément leur sceptre de fer sur leurs Concitoyens, les envoyèrent tous deux au supplice.

S'il existe quelque point de contact entre ces Écrivains célèbres et l'Auteur de la Philosophie du Bonheur, ce n'est, sans doute, que par le desir de voir l'Homme aussi indépendant que sa pensée, dans tout ce qui ne blesse ni la Loi, ni l'ordre Social; c'est la

Philantropie qui les réunit, si le Génie les sépare.

Au reste, quel que soit le mérite que l'opinion attache à cet Ouvrage, il peut opérer un peu de bien, parce qu'écrit par une plume, à-la-fois courageuse et pure, il s'adresse à tous les Êtres intelligens, quelles que soient leurs mœurs, leurs opinions et leurs Gouvernemens. Né au sein de la plus orageuse Révolution, et indépendant de tout ce qui pourrait l'affermir, ou l'abattre, il fera respirer également l'Homme qui obéit à l'Homme, et celui qui n'obéit qu'à la Loi; il consolera l'Esclave, et relevera encore l'Être libre à qui la Nature a donné l'attitude du commandement.

O ma Patrie! voici bientôt quarante ans d'une vie laborieuse et philantropique, que j'ai consacrés à faire ton bonheur, à bien mériter de toi.

Mes Ouvrages ont tous été accueillis avec une indulgence que j'attribue, non à mon talent, mais à la pureté des principes Socratiques que j'ai revivifiés. Plusieurs ont été traduits en Langues étrangères; il n'en est aucun qui n'ait été réimprimé.

Jamais je n'ai aspiré à une célébrité coupable, en détrônant Dieu, en parlant avec cynisme des Pouvoirs légitimes, en m'élevant contre la Loi, surtout, en dégradant la morale, sans laquelle l'obéissance à la Loi n'est qu'un outrage réfléchi à la Nature.

Telle a été ma Philosophie.

Je dois, pour l'instruction des Gens de Lettres, apprendre quelle en a été la récompense.

N'ayant travaillé que pour les siècles, je n'ai jamais eu le plus léger encouragement de mes Contemporains.

Entré pauvre dans la carrière des Lettres, je vais en sortir avec l'honorable médiocrité des Aristide et des Phocion.

Ayant appris à un Gouvernement absolu à ne s'énorgueillir que de ses bienfaits, et à un Gouvernement libre, à n'aller que par les mœurs au renouvellement des Loix, le Gouvernement absolu m'a enseveli tout vivant dans ses Bastilles, et le Gouvernement libre m'a signalé pour l'échafaud.

Je suis heureux.

LA PHILOSOPHIE
DU
BONHEUR.

INTRODUCTION.

J'ai, sinon connu, du moins pressenti le bonheur : c'était dans ce bel âge de l'adolescence, où la Nature, dans toute la plénitude de son pouvoir, accroît l'énergie des facultés animales, et prépare celle des facultés intellectuelles ; où le sentiment assure plus de l'existence que la raison ; où l'ame ignore l'intégrité de ses forces, et jouit de sa douce ignorance encore plus que de leur usage.

Alors, je songeais peu à me rendre compte de mes sensations : mon abandon formait toute ma science ; j'étais heureux naturellement et sans effort, comme un poids gravite vers un centre, comme un Cèdre s'élève dans les airs, comme un Lafontaine fait des Fables.

Dans la suite, ma tête s'étant mûrie par l'expérience, je voulus analyser le plaisir qui formait mon second élément, et son image fugitive disparut ; je soumis à une échelle graduée les diverses teintes des jouissances que j'avais goûtées, et il ne me resta plus qu'une félicité de réminiscence.

« Quel est donc, me disais-je à moi-même, ce
» bonheur dont l'Homme ne fait tant de cas,
» que quand déjà il est loin de lui ; qu'au matin
» de la vie il goûte, sans le connaitre, et
» que vers le soir, il connaît sans le goûter?

» Y aurait-il en moi une faculté hors de
» la portée de mon entendement ? Est-ce
» que je ne pourrais décomposer le plaisir,
» comme effeuiller la rose, sans l'anéantir ?

» Et, dans cette hypothèse, l'Homme ne
» se trouverait-il pas en insurrection légitime
» contre la Nature, contre cette Nature qui
» a vicié notre organisation élémentaire,
» soit qu'en circonscrivant un entendement
» qui devait être sans limites elle ait man-
» qué d'intelligence, soit qu'en nous con-
» damnant à un bonheur d'inertie, elle ait
» manqué de dignité ? »

Telle était la marche de mon esprit, dans ses premiers tâtonnemens, pour se rendre compte de ses jouissances. Mes sophismes étaient brillants, mais enfin, c'étaient des sophismes; une demi-philosophie avait fait de moi un athée; une philosophie plus profonde me ramena insensiblement aux autels de la Nature.

Mais dans quel dédale inextricable d'opinions m'entraîna mon insatiable curiosité ! Par combien d'erreurs j'achetai le droit de n'en plus faire ! Que de phantômes célestes, nouvel Ixion, je me permis d'embrasser, avant de rougir de mes regards, le front virginal de la Vérité !

Je dois à mon Éponine de la conduire, le fil de la Philosophie en main, dans les principaux défilés de ce labyrinthe d'antiques préjugés, dont j'ai eu l'avantage de sortir ; si je lui montrais tout d'un coup l'issue, je ne l'instruirais pas ; errer avec un Père, qui n'existe que par elle et pour elle, ne sera pas sans charmes pour sa belle ame, et elle me pardonnera, peut-être, de prolonger l'intrigue d'une scène singulière de ma vie, quand elle espèrera de trouver son bonheur au dénouement.

ERREURS

DE L'INEXPÉRIENCE.

Je parcourais, Homère à la main, une de ces vallées enchanteresses de la Thessalie, où la Nature est si belle quand l'Homme sensible sait la voir, et que l'Homme à talens sait la peindre ; la lecture ajoutait encore à mon émotion, car la richesse du modèle attestait la vérité du Peintre, et le génie du Peintre faisait ressortir la supériorité du modèle.

J'avais vingt ans, et j'étais présomptueux ; la présomption est le vice, est la grace de cet âge ; je ne voyais point sourire la beauté sans me croire des droits à son cœur ; je ne lisais point Homère, sans me flatter d'atteindre à son génie, et peut-être à son immortalité. Ces rêveries de la vanité sont douces ; je ne voudrais point les ôter tout à fait à l'inexpérience, parce qu'en lui permettant de tout entreprendre, elles l'encouragent quelquefois à tout exécuter ; si le Corrège, dans l'adolescence, n'avait pas dit, à la vue du tableau de la Transfiguration, *et moi aussi je suis Peintre*, il ne serait jamais devenu le rival de Raphaël. Si Voltaire, à dix-huit ans, n'avait pas cru embellir l'OEdipe de Sophocle, la France n'aurait ni Mahomet, ni la Henriade.

« Qui plus que moi, me disais-je, en m'aban-
» donnant à l'illusion la plus enchanteresse,
» a des droits au bonheur ! Je descens en
» droite ligne du grand Homme qui fit, dans
» ses écrits immortels, l'apothéose de So-
» crate : j'ai l'opulence d'un ancien Satrape,
» sans en avoir la dureté ; je ne connais
» mon cœur que d'hier, et déjà j'aime et
» je suis aimé. »

J'étais alors à demi-étendu sur une touffe d'Acanthes : un ruisseau limpide, qui roulait près de moi son onde argentée, assoupissait par degré mes sens ; je succombai au sommeil, et persuadé que j'étais le Roi de la Nature, je ne fis, dans mes rêves physiques, que prolonger les rêves de l'orgueil.

Une heure s'était à peine écoulée, qu'une mouche vénimeuse, de l'espèce du Zemb du Grand Désert, vint me piquer au-dessus du sein, ce qui fit jetter un cri de douleur au Roi de la Nature.

Dans l'intervalle, un rideau de nuages livides et amoncelés avait voilé l'horizon ; le beau ciel de la vallée de Tempé se trouvait rembruni, comme on le voit, des flancs de l'Etna, à l'approche d'une éruption ; la foudre sillonnait les airs par intervalle, et le trône de la Nature se disposait ainsi peu-à-peu à en devenir le cercueil.

Ce tableau sinistre, réuni à la sensation douloureuse, causée par ma blessure, ne tarda pas à donner un cours inverse au torrent de mes réflexions : « Je ne suis pas » aussi heureux que je le croyais, dis-je » en soupirant ; je ne commande ni à ma » douleur, ni à la Nature. »

D'autres idées non moins lugubres vinrent empoisonner mes anciennes jouissances : je sentais que la gloire d'être issu de Platon était bien futile, si en héritant de son nom, je n'héritais pas de son génie ;

l'opulence me semblait encore moins faite pour soutenir mes regards philosophiques, car je la partageais avec des êtres vils ; et dans un pays absolu, où un seul Homme avait toutes les propriétés, la main de fer d'un Visir pouvait en un instant me l'arracher.

L'amour me restait ; et à vingt ans il semble qu'on n'a besoin que de lui pour être heureux : je cherchais donc dans son sein un asyle contre une Nature marâtre et des Hommes oppresseurs ; mais un nouveau coup de tonnerre m'attendait au port. A l'approche d'un torrent, produit d'une manière subite par l'orage, et qu'il fallait traverser pour atteindre la grande route, j'apperçois la beauté qui, la première, avait parlé à mes sens, portée en triomphe au milieu des vagues, par un jeune et charmant esclave, que j'avais eu l'indiscrète générosité de placer moi-même à son service : le péril du conducteur pouvait colorer l'infidélité, mais ne la justifiait pas. A la manière dont les beaux bras de la Thessalienne se dessinaient autour du col de l'esclave qu'ils tenaient embrassé, à l'abandon voluptueux de toute sa personne, à ses yeux plus humides de plaisir que d'effroi, il était aisé de voir que son ame ingénue, mais égarée, s'ouvrait d'autant plus à l'amour, qu'il ne lui parlait què la langue de la reconnaissance.

OÙ LE BONHEUR N'EST PAS.

La piquûre du Zemb, l'orage et sur-tout l'infidélité de mon amante, opérèrent en moi l'effet du bouclier de diamants sur le favori d'Armide : le rideau magique du préjugé parut se dérouler devant moi, et m'étant endormi Roi de la Nature, je me réveillai le plus infortuné des Hommes.

Cependant, l'état d'anxiété où cette journée sinistre me jetta, était trop pénible pour durer long-tems : l'Homme bien organisé gravite vers le bonheur, comme les corps pesans vers le centre du Globe; mais quel est la nature de ce bonheur, pour un Être qui a autant d'organes de jouissances? est-il inaltérable par son essence, ou se modifie-t-il suivant le caractère des individus qui y prétendent ? est-il au pouvoir d'une philosophie tutélaire de le définir, et où en trouver le type, pour en conserver l'image?

De toutes ces questions, la dernière était

la seule qui s'offrit d'une manière claire, à cet âge de l'adolescence, où l'on tient plus à la Nature par ses yeux que par son entendement ; aussi ce fut celle à laquelle je m'arrêtai : je me mis donc à chercher partout le bonheur, bien persuadé que quand je l'aurais trouvé, je saurais le définir sans erreur et en jouir sans inquiétude.

Mes premiers pas me conduisirent chez un Iman du Péloponèse, versé dans toutes les Théologies de l'Orient, qui parlait avec orgueil, aux Hommes, de l'humilité religieuse, et promettait le Paradis de Mahomet à toutes les Femmes qui lui en faisaient pressentir les béatitudes. La Cour de Constantinople le protégeait, parce qu'exerçant un empire étendu sur les ames faibles, il préparait le despotisme du Trône par le fanatisme de l'Autel. Ce Pontife marchait entouré de Ministres sacrés, montrait aux dévots, dans la Mosquée, le Dieu que leur raison ne pouvait comprendre, bénissait tout ce qui pouvait l'approcher, et on le croyait heureux.

J'usurpai avec art la confiance du Saint

Homme, pour lui faire quelque jour un larcin, de la félicité dont il semblait jouir ; mon attente ne fut pas de longue durée ; un jour, à la suite d'un festin sacerdotal, où le vin grec, quoique prohibé par la loi Musulmane, n'avait point été épargné, il me prit à part dans un Kiosque, que toute la volupté Asiatique, je ne dis pas le bon goût, avait embelli, et me dit, dans un épanchement de confiance, produit de l'ivresse encore plus que de l'amitié.

« Jeune homme, ta candeur appelle ma
» franchise ; je puis tromper le Ciel et les
» Hommes, mais je n'ai pas le courage
» d'être hypocrite avec toi.

» Tu me crois heureux, parce que j'ai une
» grande influence sur la crédulité des Peu-
» ples ; tu es dans l'erreur, je veux désabuser
» ton inexpérience, et en me rendant moi-
» même vil à tes yeux, te forcer, de ce
» moment du moins, à m'estimer.

» Il n'y a point de bonheur à se dire l'in-
» terprète de l'Ordonnateur des Mondes,
» quand on ne peut le faire parler sans le
» faire rougir.

» Il n'y a point de bonheur à faire de
» l'Homme un automate, dont le fil des pré-
» jugés dirige seul les ressorts, à l'enchaî-
» ner à l'erreur par la terreur, à le mener
» par l'ignorance à la perversité.

» Il n'y a point de bonheur à faire divorce
» avec son intelligence, pour se créer une
» morale d'opinion sur les débris du culte
» de la Nature.

» On se joue du Ciel, on égare la Terre,
» mais on ne s'en impose pas à soi-même ;
» quelque rôle qu'on joue sur la scène de
» la religion, il y a toujours des entr'actes
» où l'on se retrouve avec son cœur, et
» alors on est souverainement malheureux.

» J'éloigne autant qu'il est possible ces
» pénibles entr'actes, en servant les intri-
» gues Ministérielles, en recrutant mon sé-
» rail de toutes les beautés qui séduisent
» mes sens, en prolongeant les extases reli-
» gieuses avec les vapeurs de l'Opium ; mais
» je reste seul avec moi, ne fut-ce qu'une
» heure par jour, et cette heure de supplice
» suffit pour empoisonner toutes mes jouis-
» sances.

« Mon ami, il n'y a qu'une Religion, « c'est le culte pur et simple de la recon- « naissance envers l'Ordonnateur des Mon- « des ; ce culte est sans Pontife, sans Pro- « diges et sans Oracles : malheur à l'Adora- « teur stupide, qui le répudie pour adorer « l'ouvrage des mains d'un Moïse ou d'un « Mahomet ! Malheur encore plus à l'im- « posteur sacré qui se dit l'interprète d'un « Ciel auquel il ne croit pas, pour diviniser « ses propres blasphêmes !

« On n'est point heureux quand on se « condamne à jouer perpétuellement un rôle, « parce qu'un masque est toujours pénible « à porter ; parce que tant qu'on s'en voile, « on n'a point l'estime de soi-même ; parce « qu'en le quittant on se trouve dans la nu- « dité la plus abjecte en présence de la Na- « ture. »

Des mains de l'Iman, je passai sous les lisières du Crésus de l'empire Ottoman ; c'était un Arménien enrichi par ses brigandages, qui, devenu Bacha d'Andrinople, soudoyait les Sultanes favorites, achetait le supplice des Visirs qui ne lui plaisaient pas, et enlevait à prix d'or tout le marbre de Paros, pour ériger une pyramide d'Égypte dans ses jardins. Ce Bacha, despote sans caractère, n'avait que le génie d'emprunt des Artistes qu'il soudoyait, était mené par ses Eunuques, trompé par ses Femmes, passait sa vie à ourdir péniblement de petites intrigues, à imaginer de nouvelles étiquettes de représentation pour s'en faire le premier esclave, à accumuler sans but toutes les richesses de l'Asie, pour les répandre sans discernement. Ce n'était pas sous les traits d'un pareil personnage que je pouvais trouver le Genie du bonheur, et je me hatai de le fuir, parce que l'aspect de son ennui, de ses remords ravivait toutes mes anciennes blessures; jamais je ne me suis rappellé avec plus d'amertume, que dans cette Cour d'Andrinople, ma piquûre du Zemb, ma soirée d'orages et l'infidélité de ma maîtresse.

Dans l'intervalle de mon exil dans cette Cour, l'une des plus somptueuses de l'Orient, j'avais eu le tems de réfléchir sur l'insuffisance de l'or, quand au lieu, de le considérer comme un simple instrument de jouissances, on en faisait le premier mobile du bonheur des Hommes.

L'or n'est qu'un bien d'opinion ; Aristide et Cincinnatus savaient s'en passer, et ils étaient heureux.

L'or n'est pas même le signe vulgaire du bonheur, car il annonce dans l'Homme qui n'est que riche, un être blasé ; il ne marche qu'avec l'ennui qui flétrit l'existence et empoisonne jusqu'à l'art de jouir.

L'or ôte l'usage des facultés *intellectuelles* à l'Homme qui l'amasse sans mesure, et le repos de l'ame à celui qui se croit obligé de le conserver.

Entre les mains de l'Homme du peuple, il pervertit ses mœurs pures ; entre les mains de l'Homme élevé, il pervertit ses plaisirs.

Accumulé sur une tête, il provoque les malédictions de l'indigence ; et quel est l'Homme de bien qui dort en paix, quand ses jouissances ne s'achètent qu'avec les malédictions de la multitude ?

Enfin, l'opulence ne procurant que des plaisirs par secousses, et non une continuité de bonheur, il en résulte que chaque jour de jouissance est suivi d'un lendemain, ce qui émousse la réminiscence du plaisir qu'on vient de quitter, et affaiblit l'attente de celui qu'on appelle.

Le Satrape qui, par le tableau de sa vie inquiète et inégale, m'avait fait naître toutes ces idées, avait beaucoup de ces lendemains; on s'en appercevait à son humeur sombre et farouche ; alors le Peuple qui avait la simplicité d'envier son sort était consolé, et le sage disait : voilà l'apologie de la Providence.

Le lendemain de ma sortie de son Palais, il reçut sa dernière leçon philosophique sur le néant de ses jouissances. Le Grand-Seigneur instruit des murmures d'Andrinople qu'il foulait depuis long-tems, lui ôta son Gouvernement, le dépouilla de toutes ses richesses, et l'envoya en exil dans cette île de Lemnos, qui n'avait guères dans son sein que des ronces, des Serpens et la tombe agreste de Philoctète.

Pendant que le Gouvernement exerçait cet acte mémorable de justice, le Grand-Visir apprit que j'avais été quelques tems

le

le Favori du Satrape disgracié ; le mot de Favori, dans la langue du despotisme, est le synonyme de celui de complice. Un Janissaire vint me faire part, avec une affabilité hypocrite, des soupçons du Ministre, profita de mon état de stupeur pour me mettre les fers aux mains, et me conduisit dans cet appareil ignominieux à la prison des Sept-Tours.

La justice dans l'Empire Ottoman est aussi active que les attentats qui la provoquent ; on n'y languit point au fond d'une Bastille, dans une incertitude plus douloureuse que le supplice même qui doit la terminer : à peine a-t-on mis un accusé sous la sauvegarde de la Loi, que le Juge l'interroge ; avant le coucher de l'autre Soleil, le Captif est libre ou il n'est plus.

Le Grand-Visir qui avait des raisons secrètes pour trouver coupable le Bacha d'Andrinople, vint dès le soir même me faire subir un interrogatoire aux Sept-Tours ; ma jeunesse, mon ingénuité, tout jusqu'à mes courses philosophiques, pour atteindre le fantôme du bonheur, le prévint pour moi ;

il était entré dans la prison comme mon Juge, il en sortit mon ami : « Jeune Homme, » me dit-il, tu as le cœur pur, l'entende- » ment sain, tu peux t'élever à tout ; suis- » moi, je saurai te tenir lieu de Père, » t'instruire, en me voyant de près, dans » l'art pénible d'être heureux. »

Ce dénouement auquel j'avais si peu droit de m'attendre, en flattant mon amour-propre, piqua ma curiosité ; je me laissai corrompre par la vertu de mon Bienfaiteur, et le suivis à la Cour, très-empressé de me rendre heureux à la manière du Ministre d'un Despote, l'espérant du moins, ce qui était avoir fait la moitié de la route pour le devenir.

Le Grand-Visir né parmi les Esclaves du Sérail, et fait Eunuque dans son adolescence, pour acquérir le droit de commander un jour à ses Maîtres, se regardait avec quelque raison comme l'ouvrage de ses mains ; à force d'adresse, de talent dans l'art de séduire, peut être d'étude du cœur humain, il était parvenu de la poussière jusqu'aux marches du Trône ; c'était le Narsès de son siècle, du moins il en avait le génie, sans que la soif d'une juste vengeance lui fit un devoir pénible d'en avoir la perversité.

Il n'est pas rare, dans les États absolus, de voir l'Homme de néant, ainsi que le Souverain, franchir en sens inverse tous les intervalles, l'un pour monter au haut de l'échelle de la fortune, et l'autre pour en descendre ; mais ce qui distinguait notre habile Visir, c'est que n'ayant jamais fait une fausse démarche pour parvenir à ses fins, il n'avait jamais vu le succès démentir les calculs de sa politique; aussi l'appellait-on *l'Heureux* ; et comme il avait la modestie du talent, il s'énorgueillissait de ce titre, qui pouvait désarmer l'envie en servant de voile à sa supériorité.

J'aime à fixer mes pinceaux sur cet Homme, célèbre dans son pays, quoique peu connu dans le reste de l'Europe, parce qu'il fut le moins coupable des ambitieux qui brillèrent un moment sur la scène du Monde, parce qu'il accueillit l'Être libre, sous un régime d'Esclaves, parce qu'il ne lui manqua peut-être que d'être Homme, pour mériter de commander à des Hommes.

Je restai attaché cinq ans, non à la fortune de cet étonnant Eunuque, mais à sa personne : durant tout cet intervalle, il n'eut aucun secret pour moi, et quand il aurait voulu dissimuler, j'étais si accoutumé à lire dans sa grande ame, que malgré lui je l'aurais deviné.

A mesure que je l'étudiais, je tombais de surprise en surprise : tout entier à ses vastes projets d'élévation, jamais il ne lui échappa une mesure mal conçue, une démarche inconséquente; il arrangeait l'avenir suivant ses plans, et l'avenir se laissait maîtriser par son génie : le talent d'ailleurs, chez lui, était toujours au niveau de la place. Avant son Visiriat, on lui avait demandé un Code Pénal, et sans conseil, sans livres, uniquement en descendant en lui-même, il était devenu Législateur ; parvenu au Ministère, il s'agissait de remplacer un Général, fait prisonnier sur le champ de bataille, il quitta le Divan, vit une armée pour la première fois, et remporta une grande victoire.

Visir, lui dis-je un jour, j'aime ton ambition franche et loyale; tu t'élèves, mais sans nuire, uniquement parce qu'il est dans ta nature, comme dans celle de Cèdre, d'atteindre une grande hauteur; tes triomphes ne coûtent de larmes à personne, et comme un rival, quelle que soit la haine qu'il t'a jurée, ne cesse jamais d'être un Homme pour toi, tu n'es pas maudit, même de l'infortuné que tû remplaces.—

N'honore point, répondit-il, ma sensibilité, de ce qui n'est que le résultat des calculs froids et lents de ma politique. Je n'aime ni ne hais mes semblables; en détruisant le premier organe de mes sensations, on m'a fait faire divorce avec mon cœur; s'il m'échappe quelque bien, ce n'est point en vertu de cette douce impulsion de la nature, qui est en toi le mobile des plus pures jouissances, mais uniquement parce que, dans la hyérarchie des êtres, il en dérive une harmonie dont je retire quelque fruit : ainsi j'ai droit à tes éloges, mais non à ton enthousiasme : je puis être juste, conséquent, mais quand même je ferais le bonheur de la

C 3

Terre, la postérité ne verra point en moi un Grand Homme. —

Tu confonds, Visir, toutes mes idées ; quoi, les grandes choses que tu opères depuis plus de vingt ans, l'Empire ne les doit point à ta vertu ! —

Elle en doit le principe à ma politique et l'effet à mon étoile. —

Ton étoile, et tu te dis Philosophe ! —

Socrate, dont la tige de ta maison fit l'apothéose, avait son *Génie;* pourquoi n'aurais-je pas mon étoile ? —

Tes combinaisons profondes en politique ont rendue ma raison difficile ; je ne puis croire ce que je ne saurais définir. —

Et moi aussi, je définirais mal mon étoile ; mais j'y ai cru toute ma vie, et toute ma vie j'ai été heureux. —

Pardonne, Visir, à un pressentiment sinistre, que je ne puis surmonter ; mais ce bonheur, par sa continuité même, me fait trembler pour toi. —

Tu sais que je suis sans passion, et le péril n'est rien quand on ose l'envisager ; bannis une inquiétude, que tout objet que j'en suis, je ne partagerai jamais, et explique-toi.

Tu sais l'histoire de Polycrate. —

Je te devine : voyons ton apologue ; —

Voici le trait, tel qu'il est dans l'Histoire de la Grèce ; si c'est un apologue, puissai-je n'en rencontrer jamais la moralité !

« Polycrate, comme Auguste et Cromwel,
» joignit le bonheur au génie ; l'ame souple
» de ce Despote de Samos, se prêtait à tous
» les rôles que son ambition avait à jouer ;
» services et violences, crimes et exploits,
» il employait tout indifféremment pour par-
» venir à ses fins, et quand le sentier qu'il
» se frayait était trop difficile, la fortune
» qui semblait veiller auprès de lui, savait
» le lui aplanir. Il est heureux pour la Terre
» que le théâtre où il déploya ses talens, fut
» circonscrit ; car, s'il avait eu Rome ou
» Babylone à gouverner, son ambition heu-
» reuse et cruelle, aurait fait une plaie pro-
» fonde à l'espèce humaine.

» Le Pharaon Amasis apprit, en Égypte,
» la prospérité du Souverain de Samos, et
» il lui écrivit une lettre, dont la philosophie

» contraste assez avec son caractère ; elle
» nous a été conservée par Hérodote, ce Père
» des mensonges ingénieux, qu'on appelle
» encore le Créateur de l'Histoire.

» *Ta félicité constante, ô Polycrate,*
» *alarme mon amitié. Les Dieux n'aiment*
» *pas assez les Hommes pour leur accor-*
» *der un bonheur sans mélange...... Quand*
» *la fortune a protégé pendant un demi*
» *siècle un de ses Favoris, une mort tra-*
» *gique semble l'attendre au bout de sa*
» *carrière. J'ai un conseil à te donner : vois*
» *quel est l'objet le plus cher à ton cœur, et*
» *dont la perte exciterait le plus tes regrets,*
» *et hâte-toi de t'en défaire, afin de rendre*
» *inutile le présage sinistre qui résulte de*
» *ton éternelle prospérité.*

» Le Despote de Samos, à la lecture de
» cette lettre, s'alarma sur un avenir, qu'il
» ne voyait qu'avec les yeux du remords,
» et résolut de faire usage du conseil du
» Pharaon. Heureusement qu'il n'avait ni
» Fils ni Épouse à immoler à ses terreurs.
» Une Émeraude semblait alors l'unique
» objet de ses complaisances : c'était une

» pierre d'un prix immense, qu'il avait fait
» enchasser dans un cercle d'or, et sur la-
» quelle il avait fait graver son cachet : il la
» prend en silence, monte une galère à
» cinquante rames, et s'étant éloigné de la
» rade, il la jette au milieu de la Mer; tran-
» quille ensuite sur sa destinée, il rentre
» dans son Palais, et y passe une nuit calme,
» si cependant le calme de l'ame est compa-
» tible avec les remords.

» Peu de jours après, un Pêcheur, qui
» avait pris un poisson d'une taille mons-
» trueuse, le crut digne de la table d'un
» Roi, et en fit présent à Polycrate. On ou-
» vrit ce poisson pour l'apprêter, et on y
» trouva l'Émeraude. Le Monarque pâlit en
» apprenant cet excès de bonheur, et de-
» manda conseil à Amasis; le Pharaon, pour
» toute réponse, déclara qu'il renonçait à
» jamais à son amitié. » —

Eh bien, mon Ami ? —

Oui tu l'es, j'en jure par ce Ciel qui lit
dans mon ame ingénue; tu n'as de Polycrate
que le bonheur, et non la perversité ; mais
si tu l'avais été, je n'aurais jamais flétri ton

cœur par l'atroce philosophie du Pharaon. —

Je suis calme ; continue ta lecture : quelle fut la fin de Polycrate ? —

En ce moment, un grand bruit se fit entendre à la porte du Palais; on annonça la visite du Sultan, je fermai mon livre avec précipitation, et le Visir n'eut pas le tems de s'appercevoir de la rougeur qui devait me tenir lieu de réponse.

Cependant, la salle se remplissait de Gardes ; les muets du Sérail formaient une enceinte autour du Ministre. Le Grand-Seigneur s'approche de son Favori, et le prenant par la main, avec un trouble qu'il n'était pas assez maître de lui-même pour dissimuler. « Visir, lui dit-il, tu es le pre- » mier de cet Empire ; car je ne me place » qu'après toi, puisque tu m'a appris l'art de » régner ; te sens-tu assez grand pour cou- » ronner ton ouvrage ; pour me rendre le » plus grand service que jamais un Sujet » ait rendu à son Souverain ? »

Ici je commençai un peu à respirer; pour le Ministre, il n'avait pas un seul instant changé de visage : il regarda son Maître avec un sourire mêlé de majesté ; en même-tems une inclination de tête très-expressive annonça son dévouement et sa réponse.

« Visir, quand on est pas né pour com-
» mander aux hommes, ce n'est jamais im-
» punément qu'on est leur bienfaiteur. Ton
» ambition, toute noble, toute tutélaire,
» toute vertueuse qu'elle est, a irrité des
» Grands qui ne te valent pas : on te re-
» proche les places éminentes que tu as si
» bien remplies, les victoires que tu as rem-
» portées, et jusqu'au bonheur qui t'a ac-
» compagné dans ta longue carrière : ton
» génie fatigue tes rivaux, et on veut te punir
» de ce que tu nous écrases tous par ta vertu ».

Ma respiration recommence à devenir étouffée : mais le Visir, plus magnanime que jamais, manifeste, par sa touchante sérénité, combien il s'enorgueillit des crimes qu'on lui impute ; un regard qu'il me lance, et qui va chercher les derniers replis de mon cœur, semble me dire : mon ami, je ne suis pas encore si malheureux.

« Un instant a fait éclorre le germe de la
» révolte de toute part ; le Sérail est en feu ;

» le Muphti déploie contre nous l'étendard
» de Mahomet ; Constantinople entier de-
» mande un autre Gouvernement. Je n'ai
» qu'une minute pour prononcer entre l'Em-
» pire et toi. »

Une larme du Sultan coule sur la main de son Ministre : celui-ci la recueille avec un baiser ; et, voyant que les genoux de son Maître vont se dérober sous lui, il le soulève avec une tendresse mêlée de respect, et le force à s'asseoir.

« De toi dépend ma destinée et celle de
» l'Empire ; le Trône des Ottomans ne tient
» qu'à un fil, et ce fil est dans ta main : au-
» ras-tu l'effroyable courage de remplir mon
» attente ? »

Le Visir tombe aux genoux du Sultan, et les embrasse en silence.

« Homme sublime !... pardonne à un ami
,, qui expire de honte et de douleur.... Je
,, demande ta tête. ,,

L'infortuné n'attendit pas que ces derniers mots fussent prononcés : il s'incline, en silence, sur le poignard du Grand-Seigneur, se le plonge, avec tout le calme de la philosophie, dans le sein, et tombe dans les bras de son Maître qui s'évanouit en le tenant embrassé.

Le Ministre, avant de rendre le dernier soupir, eut la force de se retourner vers moi : « Mon ami, dit-il, il n'y a point de bonheur ,, sur ce Globe pour l'ambition même satis- ,, faite ;.... mais je ne m'attendais pas à ,, dénouer si-tôt la Tragédie de Polycrate. ,,

J'étais si atterré par tout ce que je venais de voir et d'entendre, que je n'eus pas la force, en rectifiant ses idées sur la fin tragique du Tyran de Samos ; en le lui montrant expirant lentement sur une croix, en horreur à toute la nature, de verser quelque baume sur la dernière blessure de son cœur. Quand je commençai à pouvoir balbutier quelques mots consolateurs, déjà le Héros n'était plus. Alors je rentrai chez moi, la mort dans le sein, bien résolu à me laisser entraîner, comme une matière inerte et passive, au torrent des événemens, et guéri, pour long-tems, de la rage de vouloir être heureux.

DES PHILOSOPHES

QUI ONT RÊVÉ SUR LE BONHEUR.

La plaie profonde faite à mon ame aimante, par la catastrophe de mon bienfaiteur, fut plusieurs années à se cicatriser. Dans cet intervalle, je repris et je quittai, à différentes fois, ma chimère brillante d'une félicité sans bornes et sans nuages; seulement je changeai mes données, pour la solution du problême. Comme la société des Hommes heureux n'avait servi qu'à accroître mes incertitudes, je m'enfermai dans mon cabinet, et ne voulus plus communiquer avec le bonheur, que par l'intermède des livres des Philosophes.

Plutarque, l'Homme de génie des bonnes gens, fut le premier Écrivain auquel je m'adressai, pour embellir de ses feux l'aurore de ma raison. Je dévorai son Traité de la *Sérénité de l'Ame*, et tous ceux de ses opuscules, où son imagination vagabonde se repose un moment sur le Grand-OEuvre du bonheur : mais le succès ne répondit point à mon attente ; je m'y instruisis des systêmes de Zenon ou d'Épicure, mais non de ce que devait penser un Homme à entendement sain, qui ne fait point de système : il me mena, avec les lisières du goût, dans le sentier peu battu de l'érudition ; et un sentiment intérieur me disait, que je ne devrais avoir besoin ni d'érudition ni de goût, pour apprendre à être heureux.

Je me consolai du vuide de cette théorie des *OEuvres Morales*, en relisant les *Hommes Illustres*. C'est-là que Plutarque, en peignant les Héros de l'Antiquité, avec le simple coloris de la nature, se met au niveau de leur gloire. Grace au charme toujours renaissant de sa diction, je devenais le contemporain et l'ami de ces personnages vénérables : j'asistais à leur lever, je m'asseyais à leur table, je les surprenais, pour ainsi dire, dans toute la nudité de leur vertu : je ne dissertais pas avec eux sur le bonheur ; mais j'étais heureux.

Immortel disciple de Socrate, toi dont le nom auguste n'est porté par moi que pour faire apprécier à mes contemporains l'intervalle immense qui nous sépare; divin Platon, c'est par toi que j'aurais dû commencer la série des Sages qui ont écrit sur le bonheur; mais j'ai promis à ma fille le fil de mes idées, et non une chaîne encyclopédique de faits : je ne maîtrise pas mon sujet, je m'y abandonne : il ne s'agit pas ici de faire un livre, il y en a déjà tant sur le bonheur, qui n'ont rien ajouté à la masse de nos connaissances, ou qui ont menti à la Nature !

Platon semble le premier des Grecs qui ait été, la sonde de la Philosophie à la main, à la recherche de cette espèce de Terres Australes, qu'on nomme le souverain bien : il a semé sa théorie dans plusieurs de ses dialogues, et sur-tout dans le *Philèbe*, qui renferme l'analyse de la volupté : cette théorie porte par-tout l'empreinte du génie de son auteur ; elle persuade, quand elle est vraie : elle étonne encore quand elle n'embrasse que des fantômes.

L'idée génératrice du *Philèbe*, est que le souverain bien est dans l'exercice de l'intelligence ; et on voit assez par l'intelligence profonde

profonde qui règne dans tous les ouvrages du Disciple de Socrate, que ce grand Homme, sans le vouloir, plaidait sa cause.

Il commence par définir la volupté : et il fait entendre, avec adresse, que la sagesse n'entre pour rien dans la vie du voluptueux, ni la volupté dans la vie du sage.

S'élevant ensuite à de hautes conceptions métaphysiques, il va puiser l'idée du bien suprême à sa source, c'est-à-dire, dans l'opinion qu'il se forme de l'Ordonnateur des Mondes ; alors, analysant, pour ainsi dire, ce qui est au-dessus de toute analyse, il semble démontrer que c'est par l'exemption du plaisir et de la douleur que l'être souverainement sage peut se dire souverainement heureux.

Descendu de ces régions aëriennes, Platon applique sa théorie à l'Homme qui, tourmenté par le mal physique et par le mal moral, ne songe guères à se faire Dieu que dans les extases de l'amour : et il laisse entendre que la meilleure vie étant celle où les plaisirs ont moins de force, et les peines moins d'intensité, il faut chercher

D.

l'espèce de bonheur, qui convient à notre nature, dans la sphère circonscrite de l'intelligence.

S'il était donné à quelqu'un d'être parfaitement heureux à la manière de Platon, ce serait sans doute à toi, ma céleste Éponine, toi, née avec un entendement sain que tu as orné de toutes les connaissances que donnent les livres, et, ce qui vaut encore mieux, de celles que procure l'infortune : mais il est d'autres jouissances réservées au chef-d'œuvre de la Nature. Tu ne sens que trop quel vuide immense éprouverait ton cœur, si tu ne connaissais la félicité, qu'en admirant l'Apollon du Belvédère, en résolvant, avec Archimède, le problème de la Couronne, ou même en créant une nouvelle Illiade.

Je ne veux jamais, ma fille, t'entretenir de Platon, sans lui donner un titre à ton admiration légitime : écoutes son apologue de Crantor, qui, en parlant du bonheur à ton imagination seule, te donnera un plaisir sans nuage.—

Quatre grands mobiles du bonheur des

Hommes, comparurent un jour aux jeux Olympiques : c'étaient la Richesse, le Plaisir des sens, la Santé et la Vertu. Chaque concurrent, comme dans le jugement de Pâris, demanda la pomme. La Richesse dit : *Je suis le premier des biens ; car, avec moi, on les achette tous.* Le Plaisir réfuta aisément sa rivale : *Comment peut-on me disputer le prix, puisque ce n'est que pour me posséder qu'on demande la Richesse ?* La Santé assura que la prééminence lui était due ; *parce que, sans elle, la richesse s'endort et le Plaisir disparaît.* La Vertu sourit de tous ces plaidoyers : *Eh ! quel rang m'accorderez-vous donc*, dit-elle, *puisque l'Homme qui ne me possède pas, peut, avec de l'or, du plaisir et de la santé, se trouver encore très-misérable ?* Le Président des jeux adjugea la Pomme à la Vertu.

Cette fable très-ingénieuse est encore loin de résoudre le problème du souverain bien ; mais il est probable que ce n'était pas l'intention de Platon, qui ne veut ici qu'amuser les enfans raisonneurs des Capitales, puisqu'il ne l'a pas placée dans le *Philèbe*, où il parle à l'entendement humain dans la langue des Philosophes.

Il s'est écoulé un grand intervalle de tems entre le Disciple de Socrate et le grand Homme qui fut à-la-fois le Démosthène de Rome et son Platon. Cet intervalle mérite peu nos regards, parce qu'il n'a guères été rempli que par des sophistes, et il ne faut pas y chercher même des rêveries ingénieuses sur le souverain bien.

C'est dans le Traité *des vrais biens et des vrais maux* que Cicéron aborde la question du bien suprême : trois Sectes Grecques partageaient alors, dans le Monde Philosophique, l'Empire de la dispute : c'étaient les Écoles de Zénon, d'Épicure et d'Aristote. L'Orateur Romain les met en scène dans son ouvrage ; il pèse leurs opinions, les combat, et, suivant son usage, ne met rien à leur place. On est tout étonné, après avoir lu ce long Traité, où il y a beaucoup d'harmonie oratoire, mais point d'idées génératrices, où le vuide des principes n'est suppléé que par l'heureux choix d'anecdotes ; on est étonné, dis-je, d'avoir goûté une espèce de plaisir philosophique qui n'ait rien dit à la raison, d'être arrivé, par un chemin de fleurs, aux limites de l'empire du néant.

Des dialogues de Cicéron aux monologues de Sénèque, il n'y a qu'un pas : tous les deux se sont constitués les Historiens des rêveries antiques sur le bonheur ; mais ils ne rêvent point eux-mêmes : l'un construit sa théorie avec des périodes oratoires, et l'autre avec des épigrammes.

J'avouerai cependant que j'ai trouvé, dans les Soliloques de l'Instituteur de Néron, plus de substance, plus de germes d'idées lumineuses, que dans les Entretiens Socratiques de son Modèle. Les Opuscules de la *Sérénité de l'Ame* et de la *Vie heureuse*, étincellent de traits piquans, de rapprochemens heureux, de conseils pour se conduire, dignes d'Épictète et de Marc-Aurèle. Ce n'est pas avec de pareilles pierres qu'on bâtit le temple du bonheur, mais on en construit du moins le péristyle.

Je traverse le torrent des âges pour arriver à Fontenelle ; ce beau Génie qui, par ses heureuses hardiesses, a tant contribué à faire succéder au siècle du goût le siècle de la raison, nous a donné un fragment de quelques pages sur le bonheur, qui, à quelques égards, vaut plusieurs volumes ; malheureusement son entendement n'était pas encore assez mûr pour la Philosophie, quand sa plume laissa échapper cet ingénieux opuscule ; aussi, son essor paraît-il circonscrit ? Il ôte et reprend tour-à tour les lisières du préjugé ; il analyse le cœur humain avec moins de profondeur que de finesse ; surtout une sorte d'égoïsme qu'il manifeste, même en le censurant, affaiblit le poids de ses oracles. On le voit toujours caché derrière le rideau, quand il met les autres en scène : c'est toujours d'après sa mesure individuelle qu'il établit une mesure générale; quand il fait des poétiques, c'est pour justifier son théâtre et ses églogues ; quand il écrit sur le bonheur, il n'apprend autre chose à ses contemporains si non comment, avec sa froide apathie, il se rendait heureux.

En général, se peindre soi-même pour éclairer le Genre humain, est un art difficile où la Philosophie vulgaire échoue. Je ne connais guères que trois Hommes qui, à force de génie, se soient faits ainsi impunément les Instituteurs de la terre : c'est Marc-Aurèle, l'auteur d'Émile, et Montaigne.

Maupertuis, qui n'avait pas le grand talent de Fontenelle, tenta, comme ce Philosophe, de construire, d'après lui-même, une échelle de proportion qui servît à mesurer les divers degrés de bonheur. L'essai ne lui réussit point; il n'était pas entré dans le Conseil de la Nature, trop sage sans doute pour faire des hommes heureux d'après un pareil modèle.

Maupertuis était né sombre, attrabilaire, ennemi de tous les talens qu'il n'avait pas : fier d'avoir mesuré le Pôle, il se montrait jaloux de Voltaire auquel il ne pouvait contester la Henriade, et du Roi de Prusse auquel il ne pouvait ôter ses victoires; et comme personne ne partageait l'idolâtrie qu'il s'était vouée, il mourait, à chaque minute, de chagrin de ce que, s'étant fait Dieu, aucune Puissance ne travaillait à son apothéose.

Ce portrait indique assez dans quel esprit l'*Essai sur le bonheur* du Philosophe de

Tornès est écrit. L'auteur, qui juge de tout par le rang qu'il occupe dans l'échelle des êtres, se croyant mal placé, affirme que tout est mal dans la nature.

De-là les paradoxes qu'il veut démontrer à la manière des Géomètres : paradoxes qui, d'ailleurs, forment le seul génie de son opuscule.

« Le bonheur n'est que la somme des biens » qui restent, quand on en a retranché les » maux.

» Il n'y a que quelques parties du corps » qui nous font éprouver du plaisir; toutes » nous font éprouver de la douleur.

» Si le Ciel supprimait, pour nous plaire, » tout le tems que nous voudrions arracher » à notre existence, la vie d'un vieillard se » trouverait réduite à quelques minutes. »

Cette diatribe de Maupertuis contre la Nature, nous rappelle ce fameux livre d'Hégésias, où le mal physique et le mal moral étaient peints avec tant d'énergie, qu'il était difficile de le parcourir sans desirer de cesser d'être. Un Roi d'Égypte le prohiba pour arrêter la contagion des suicides.

Le dernier ouvrage connu sur le bonheur, est le Poëme d'Helvétius: C'était à ce Philosophe, sans doute, à en parler; lui qui, également favorisé de la Nature et de l'ordre social, beau, riche, sensible et toujours aimé, ne voyait que la main tutélaire du père des Hommes par-tout où Maupertuis voyait le sceptre d'airain d'Arimane; il avait encore l'avantage de ne parler qu'en vers harmonieux à l'imagination déjà si riante de l'Homme fortuné, tandis que son rival glaçait jusqu'au bonheur même, en le mesurant tristement avec le compas des géomètres.

Il y a de la philosophie, et sur-tout du coloris, dans les tableaux qu'Helvétius eut le tems de soumettre à la censure de l'Auteur de la Henriade.

J'aime à le voir s'élever, de toute la hauteur de son talent, contre les jouissances prétendues de cet ambitieux,

<blockquote>
Qui, fier du joug des Rois qu'il porte avec orgueil,
Attend, à leur lever, son bonheur d'un coup d'œil.
</blockquote>

Il a le bon esprit de ne point s'aveugler sur ce prestige des sens à qui on donne le titre exclusif de bonheur sur les deux tiers du Globe, à cet Amour

<small>Tyran de l'Insensé, mais l'esclave du Sage.</small>

Il donne plus d'une fois des conseils lumineux, fruit tardif d'une longue expérience, où le goût parle avec succès la langue de la raison.

<small>Dès son printemps l'Homme doit, s'il est sage,
Se ménager des plaisirs de tout âge.</small>

Je regrette qu'un tel Poëme manque de plan ; qu'entrepris dans l'âge de l'adolescence, il ait été oublié quarante ans dans le porte-feuille du Philosophe, et sur-tout qu'il n'ait jamais été achevé.

Au reste, j'ai connu ce Sage-pratique, dont la vie vertueuse contrastait si fort avec la morale perverse qui avait échappé à sa plume ; et je doute que sa fable du bonheur, imaginée avec feu, dans l'âge des plaisirs des sens, eût été dénouée, d'une manière bien philosophique, dans l'âge qui ne connaît que les jouissances de l'entendement. A cette dernière époque, l'Auteur de *l'Esprit*, blasé sur les goûts purs qui avaient fait le charme de sa vie, ravalant l'amour au délire vulgairo des sens, ne voyant qu'un vil et froid intérêt dans les sacrifices sublimes de la vertu, avait, pour ainsi dire, perdu les organes qui donnent le sentiment du bonheur; et ce que le tact moral, chez lui, ne pouvait saisir, la philosophie ne pouvait le rendre, même en réunissant l'imagination d'Homère à la raison froide mais lumineuse de Marc-Aurèle.

Je consumai ainsi deux ans, à me traîner d'adepte en adepte, pour étudier, sous toutes ses faces, la pierre philosophale du bonheur : mon pythonisme s'accrut avec mes lumières, et je sortis de mes recherches plus pénétré que jamais du dogme favori de Socrate : *Je sais que je ne sais rien.*

DÉCOUVERTE

D'UNE ISLE ET D'UNE VÉRITÉ.

Lorsque je cherchais ainsi, dans des livres si sujets à tromper, l'image fugitive du bonheur, j'habitais encore les ruines de l'antique Athènes, où était le patrimoine de mes pères : ma bibliothèque touchait au monument dégradé où Démosthène s'exerçait à la déclamation, et une avenue de mon parc aboutissait aux jardins de l'Académie.

Presque tous les jours je me rendais au Pyrée, qui, aujourd'hui, dégradé et sans nom, n'offre qu'une rade de Pêcheurs, mais qui, dans les beaux tems de la Grèce, voyait partir de son sein des flottes nombreuses destinées à faire trembler, dans Suze, le Roi des Rois, et à humilier l'orgueil de Lacédémone.

Un jour j'y rencontrai une Félouque Turque en rade, destinée, quand l'équipage serait complet, à croiser devant les Dardanelles.

J'étais ami de l'Armateur, au tems de ma grande influence sur l'esprit du Visir, ou plutôt sur l'Empire Ottoman ; plusieurs années de retraite et d'obscurité volontaires de ma part, n'avaient pas fermé son cœur sensible à la reconnaissance : il m'offrit ses services, et j'en profitai pour tenter, sur son navire, une promenade de mer dans l'Isle de Cranaë, où Homère assure que Pâris, après avoir enlevé Hélène, jouit, pour la première fois, de sa conquête. Las de parcourir, sans fruit, les rêveries des Philosophes sur le souverain bien, j'étais curieux d'aller rêver moi-même à cette brillante chimère, sur le sol où, trois mille ans auparavant, le plus beau couple de la terre avait été heureux. Mon âge se prêtait au succès de mon expérience : c'était celui où l'imagination a atteint son apogée : alors les monumens d'une haute antiquité, tout froids qu'ils sont, parlent souvent avec plus d'éloquence que les livres et les Hommes.

Les Pilotes Musulmans sont peu versés

dans l'Astronomie Nautique ; le Ciel leur échappe, quand il est voilé par les brumes, et la boussole, quand ils sont déviés par les courans. Celui de la Felouque essuya les deux contre-tems : aussi, au lieu d'aborder à Cranaë, nous mouillâmes, à l'entrée d'une nuit orageuse, devant une petite Isle volcanique, dont la position n'est pas même indiquée dans les Cartes de nos Géographes.

Je descendis seul sur la plage : la lumière incertaine des éclairs servait à me guider sur un sable mobile, où quelques pas humains semblaient tracés. Au bout d'une demi-heure de marche, j'arrivai à un berceau également inaccessible à la pluie et aux feux du Soleil, qu'une main industrieuse avait formé des branches entrelassées d'une sorte de Platanes odoriférans : j'ouvris la porte, qui céda à l'impression de ma main, parce que ce n'était qu'un faible tissu de Lianes ; et je vis venir à moi une espèce de Sauvage, à demi-nud, qui me reçut sans démonstration d'amitié, ainsi que sans défiance, comme je pouvais l'attendre de l'homme de la nature, qui estime son égal, mais qui attend qu'il l'ait jugé pour jeter son cœur au-devant du sien.

Je viens, lui dis-je, demander un asyle à mon semblable, contre une Mer orageuse et un Ciel en courroux. —

Tu peux disposer, me répondit-il, de la moitié de ce berceau : voici une guirlande de roses sauvages que je déploie vers le centre, et qui séparera ton empire du mien. —

Respectable Insulaire, pardonne à ma curiosité : es-tu ici Sujet ou Souverain ? —

Je suis l'un et l'autre, car je suis seul. —

Tu es seul ! mais cette femme dont le feu des éclairs me fait entrevoir les cheveux ondoyans, ces cheveux, l'unique voile qui serve de barrière entre sa pudeur et mes regards ! —

Cette femme, c'est moi. —

Et ces enfans qui ont les graces de l'Amour et sa nudité ! —

Ces enfans, c'est encore moi. Ainsi, je suis seul dans cette Isle que j'ai vu naître. —

Que parles-tu de la naissance de cette Isle ? La Physique qui ne ment pas, comme la Théologie Grecque, démontre qu'une

Isle ne naît pas plus du concours des vagues, que l'ancienne Minerve du cerveau de Jupiter. —

Étranger, la Physique ment comme la Religion, quand c'est l'homme, et non la nature, qui l'interprète. Tu as vu de loin, en abordant ici, une montagne qui vomissait des flammes par intervalles : —

Oui ; et ces feux volcaniques qui croisaient ceux des éclairs, m'inspiraient, malgré moi, une sorte d'effroi. —

J'étais en exil à Cranaë, quand, au milieu d'un tourbillon de cendres, de roches embrasées et de pierres-ponces, je vis peu-à-peu ce volcan s'élever du sein des vagues, et former l'Isle que j'habite. Mes gardes, effrayés, comme si les élémens confondus amenaient la catastrophe du Globe, abandonnèrent leur poste : alors, avec le secours de ma digne épouse, je me jettai dans leur chaloupe, et j'abordai dans la Terre nouvelle. J'étais bien sûr que le despotisme Ottoman ne m'atteindrait pas dans un pareil asyle, et qu'une Nature, même marâtre, me rendrait moins malheureux que ces prétendues

tendues loix tutélaires, avec lesquelles les despotes protègent et assassinent les hommes. —

Et ton attente a été remplie ! et l'infortune qui assiège les hommes rassemblés, te respecte dans ta solitude ! —

Je suis moins infortuné que les insensés qui gouvernent la terre : je n'ai ni leurs désirs, ni leurs remords. —

Tu parles comme le Nestor d'Homère, sans avoir atteint sa vieillesse : sans doute, ton esprit a secoué les lisières de l'ignorance Musulmane. Tu connais les bons livres de l'Europe; tu as lu les romans des Philosophes sur le souverain bien. —

Je n'ai jamais rien lu que dans le grand livre de l'expérience : j'ai vu par-tout des hommes faibles ou méchans, égarés ou pervers, malheureux, quand ils sont opprimés, plus malheureux encore quand ils oppriment: ces faits sont classés dans mon entendement, et voilà ma bibliothèque. —

Je conçois que le Sage peut se passer de livres : mais du moins il a besoin des hommes. —

Je l'ai cru quarante ans, et quarante ans

j'ai été malheureux : aujourd'hui je ne vois aucun humain, à moins que le naufrage ne le jette dans mes bras; je vis avec moi-même : je mets de l'harmonie, autant que je puis, entre mes sens et ma raison, et j'ai peu de raison de maudire la Nature. —

Mais enfin, le Sage est tributaire né de l'industrie des Hommes, puisqu'il a des besoins. —

Oui, si ce sont des besoins factices de l'ordre social : non, s'il a le courage de se réduire à ceux de la Nature. —

Eh! quels sont ces derniers? car je serais bien tenté d'avoir un jour ce courage-là. —

Ils se réduisent, dans certains climats, à se vêtir, toujours à vivre, et quelquefois à aimer. —

Fort bien, et ces besoins que tu juges si simples, tu trouves à les satisfaire dans ton Isle de Laves et de Pierres-ponces? —

Plus aisément que dans tes Métropoles, où l'on n'existe jamais d'une manière originelle, où l'on cherche toujours la Nature où elle n'est pas.

Ce sol est vierge, il est imprégné par les

Laves mêmes du Volcan, de sucs générateurs : grace au fer de la chaloupe qui me transporta, et qui se transforma peu à peu dans mes mains en instrumens informes d'agriculture, j'y semai, dans l'origine, quelques résidus d'épis, quelques graines oubliées par mes gardes ; ce léger travail surpassa mon attente : aujourd'hui, les rochers qui bordent l'écueil, récèlent dans leur sein de quoi me nourrir toute ma vie, quand même je vivrais l'âge d'Epiménide.

Je n'ai pas besoin de me vêtir, dans un climat qui a la température des Tropiques, où la fraîcheur des nuits me trouve dans les bras de ce que j'aime, où quelques feuilles, soit de platane, soit de palmier, me protègent contre l'intempérie très-rare que produisent les orages.

Je ne parle point de la loi impérieuse qui porte dans la force de l'âge tous les êtres à se propager : car il me suffit de rencontrer une ame de ma trempe, de réunir une moitié de moi-même à l'autre, pour céder au besoin d'aimer. —

J'aime ce sublime isolement : cependant

pour le rendre durable, il faut bien se munir d'armes de défense. —

Pourquoi m'armer; quand je me trouve seul en présence de la Nature? —

Il pouvait y avoir des bêtes féroces au sein de ton nouvel asyle. —

Des bêtes féroces! la ruse de l'Homme en élude la force, sa patience les apprivoise. —

Des Hommes méchans et jaloux pouvaient venir te disputer ta paisible conquête. —

Ce n'est point à moi, c'est à l'élément terrible du feu, qu'ils oseraient la disputer. Crois moi, une montagne ardente toujours en travail, ou toujours en éruption, n'est pas une faible barrière contre la rage des conquêtes : au reste, si quelque Puissance du Globe venait arborer son pavillon sur mon écueil, j'abandonnerai à ses Soldats cette vallée riante que j'ai créée : trop satisfait de me rapprocher du Volcan, et de fonder jusques sur les flancs de son Cratère, une nouvelle Souveraineté. —

A l'abri d'une si haute philosophie, on est en paix avec la Nature et avec soi-même ;

mais Dieu reste à l'Homme isolé, comme à l'Homme courbé sous les lois sociales, et quelque point du Globe qu'on occupe, on est en correspondance avec lui par l'intermède de la religion. Dis-moi, Homme étonnant, quel est ton culte ?—

Celui de la reconnaissance. —

Où est le temple de ce Père des Hommes?—

Par-tout où l'on ressent ses bienfaits. —

Tu n'as donc pas besoin de ses Ministres ? —

Je suis à la fois le Pontife et l'Adorateur. —

Et son image ? —

Tant que je reste pur, je la porte dans mon cœur. —

Ainsi tu te suffis parfaitement à toi même. -

Je t'en fais l'arbitre : prononce entre le Genre-Humain et moi. —

Digne Philosophe, permets moi de t'embrasser : ton entretien vient de m'ôter un poids qui, depuis plusieurs années, oppressait mon cœur.

J'ai voulu jusqu'ici être heureux, tantôt par les Hommes, tantôt par les choses, et je n'ai fait que traîner ma chaîne, trompé par les choses, et opprimé par les Hommes.

Toujours à la poursuite de ma chimère du bien suprême, et toujours abusé, je venais consulter à Cranaë mon dernier Oracle : mais Cranaë est ici, la raison de Socrate est supérieure au silence du monument d'Hélène, et mon problême est résolu.

Le bonheur existe, mais il n'est point dans les objets qui nous entourent, dans les Hommes avec qui on a des rapports. Chacun le porte dans son cœur, et c'est dans ce sanctuaire seul que le Sage doit l'aller chercher.

PREMIÈRE PORTE OUVERTE
AU BONHEUR.

LES SENS.

MA Thessalienne m'entend ouvrir le temple du bonheur : elle n'a que quinze ans, à cet âge, on se flatte de n'y entrer que par la porte du plaisir : elle touche à peine au lendemain de ses premières amours, et elle n'a pas encore eu le tems d'être infidelle : « Pla-
» ton, me dit-elle, tu m'as promis de m'é-
» clairer sur la nature de cette félicité, dont
» hier nous épuisames la coupe : je viens
» entendre tes leçons enchanteresses : j'aime
» à vivifier ainsi les entr'actes de nos amours:
» donne-moi ta philosophie aujourd'hui,
» à condition que tes caresses m'aideront
» demain à l'oublier. »

Ce tableau, quoique suivi de souvenirs amers, vient encore quelquefois flatter doucement ma pensée. Nous étions dans la vallée de Tempé, théâtre des antiques amours des Dieux et des nôtres: j'avais adopté le vêtement Espagnol, celui qui, à ses yeux, dessinait mieux les contours de ma taille : pour elle, vêtue à la Française, et couchée à demi sur un lit de verdure, elle attendait, mon manuscrit à la main, que je misse à sa portée la physique de nos sensations et l'anatomie du plaisir : vains efforts pour remplir ma promesse! la magie de ses regards m'ôtai le calme nécessaire à mes leçons : je ne pouvais que chanter, un instrument à la main, ce bonheur que je respirais encore, et non en tenter froidement l'analyse : l'enchanteresse elle-même n'était pas plus tranquille : son sein, qui palpitait avec force, m'annonçait que pour lui plaire il fallait lui désobéir : je jettai mon instrument, elle laissa tomber mon manuscrit, et il ne fut plus en notre pouvoir, ni à l'un ni à l'autre, de demeurer Philosophes.

Au reste, cette ancienne théorie du bonheur était trop imparfaite pour soutenir les regards de mon Éponine. J'en brûlai le manuscrit avec les lettres de la Thessalienne, quand un esclave devint mon rival. Le chapitre de cet ouvrage, dont je fais en ce moment hommage à la raison de ma fille, fruit d'une tête mûrie par l'âge et par les revers, ne date que de l'époque à jamais mémorable pour moi, où le hazard me fit faire la double découverte d'une Isle et d'une vérité.

Et l'on s'appercevra aisément de ce changement de scène, au changement de mes crayons. Ici ma plume va s'élever avec mon sujet ; devenu l'historien de mes idées plutôt que celui de mes sensations, j'ai dû adopter un style plus sévère, une philosophie plus prononcée : j'en demande pardon à un sexe aimable, qui n'écoute que quand on lui parle la langue des images ; mais une théorie de l'Homme n'est pas un jeu de la verve d'Anacréon. Quand on a une fois atteint la région des nuages, on ne voit plus que de grandes masses, et la chaîne sublime mais nue des vérités, remplace la succession riante des tableaux.

Ma découverte dans l'Isle Volcanique était de nature à opérer une révolution dans mon entendement : je ne contrariai point cette impulsion nouvelle; de retour sur mes foyers, je fermai ma bibliothèque, je me rendis invisible à mes amis, et je me déterminai à vivre avec moi-même, jusqu'à ce que j'apprisse de mon cœur l'art si difficile d'être heureux.

Mais, dans l'intention où j'étais de raisonner mon bonheur, pour n'être point condamné, comme les êtres non intelligens à des jouissances d'inertie, j'avais besoin d'une étude préparatoire; il fallait que je portasse le flambeau de la physique sur tout ce qui constituait mon essence : il fallait, puisque la Nature m'avait donné plusieurs organes de sentiment, que j'en connusse le mécanisme, afin de faire contribuer tous les points, pour ainsi dire, de mon existence à ma félicité.

Descendu en moi-même, je n'eus pas de peine à remarquer que j'avais reçu de l'Ordonnateur des Mondes, des sens physiques, pour être en contact avec le plaisir, un entendement pour en connaître le prix, et un cœur pour en mériter la jouissance.

Ainsi, le Ciel bienfaisant m'ouvrait trois

avenues, pour arriver à la région solitaire du bonheur.

L'avenue des sens est la seule que le Peuple connaisse : et à cet égard, tous les Hommes, jusqu'à trente ans, sont Peuple, à moins que leur tête ne se mûrisse par la philosophie de Socrate, ou par celle de l'infortune.

Et moi aussi, je fus long-tems Peuple : et je l'étais encore, soit quand je poursuivais dans les livres la chimère du souverain bien: soit quand la fin tragique du Grand Visir ouvrait tous les pores de mon être au malheur; l'entretien même du Sage de l'Isle Ardente ne déchira qu'à demi mon bandeau ; il était dans ma destinée, de ne cesser de rêver vaguement sur le bonheur, qu'à la lecture inattendue d'un songe brillant et sublime de Marc-Aurèle.

Au reste, je pouvais être excusé, dans mes premières recherches, de ne voir le bonheur qu'au travers du microscope des Sens, parce que ma raison même concourait avec mon âge à augmenter mon prestige : j'étudiais l'Homme au berceau de l'ordre social; alors il ne semble qu'un être physique, n'ayant pas encore la conscience de ses forces, laissant errer son cœur et appliquant mal le ressort de son intelligence.

Voyons en quoi cet Homme physique entre dans les premiers élémens de la vraie théorie sur le bonheur.

Nos Sens nous instruisent de nos besoins, et nos besoins de nos rapports avec tout ce qui nous environne : ainsi c'est sur la base des Sens que repose en partie la science des mœurs, et par elle, le principe de notre félicité.

Il s'agirait donc de perfectionner les organes de l'Homme physique, et de l'éclairer sur ses besoins, pour le mettre en harmonie avec lui-même et avec ses égaux, ce qui forme une des premières données de notre grand problême.

L'art de perfectionner les organes, ne consiste pas à en changer la structure originelle, mais à les élever, tels qu'ils sont, au dernier degré d'énergie dont ils sont susceptibles. Quand ils sont arrivés à ce période, c'est à la morale à diriger leur activité, afin que l'excès de la tension ne brise pas le ressort, et que l'Homme qui respire dans l'élément du plaisir, ne trouve pas la mort en cherchant la jouissance.

Le mode d'éclairer l'Homme physique sur ses besoins, n'est pas aussi aisé que le vulgaire des penseurs l'imagine, parce que l'ordre social donne une foule de besoins factices, qui ne tiennent que par un fil à notre constitution primordiale. De là dérive la nécessité, pour le Sage, de remonter à notre berceau, d'examiner avec soin le jeu de nos organes, de distinguer les secours que demande la Nature pour perfectionner la machine, des jouissances stériles qu'une imagination perverse sollicite : il semble qu'il faudrait décomposer cet Homme physique avec le prisme de la philosophie, pour le suivre dans sa gravitation vers le plaisir, comme Newton avec le prisme des artistes décomposa les rayons solaires pour connaître la lumière.

Ici, je ne crains point de m'égarer dans le labyrinthe de mes recherches, parce que le fil d'Ariane ne sort point de la main du Socrate de l'Isle Volcanique.

Le premier besoin de l'Homme qui n'a que des Sens, est de se nourrir : c'est aussi le plus aisé à remplir, parce qu'il est né frugivore.

Le besoin de se vêtir est à peine sensible dans les climats favorisés de la Nature, et il ne le serait point du tout, si, par le voile même que la pudeur interpose, les êtres sensibles, dont les desirs s'irritent, ne voyaient pas doubler leurs jouissances.

Un autre besoin bien plus impérieux que celui de se vêtir, est cette fièvre ardente des Sens, qui ne tourmente l'espèce humaine que pour la perpétuer : mal dirigée, elle est le fleau de l'ordre social ; éclairée par la morale, elle conduit par le plaisir à la vertu.

Il est un dernier besoin qui pèse sur l'Homme de la Nature : c'est celui d'avoir un sentiment vif de son existence : telle est l'activité des principes qui constituent son être, qu'après s'être rassasié et avoir joui, il lui reste une inquiétude machinale et des desirs vagues, qui empoisonneraient ses jours, si le travail, en variant les objets de sa pensée, ne perpétuait le plaisir au milieu de sa carrière.

Des fruits, un vêtement, une femme et un peu de travail, voilà donc à quoi se réduisent les besoins essentiels de l'Homme primordial; son bonheur du côté des Sens, tient à ce petit nombre de fils : resserrer ces fils, c'est ne pas connaître le secret de ses forces : les étendre, c'est tenter d'en savoir plus que la Nature.

Cette espèce de moyenne proportionnelle, qui assure l'équilibre entre les forces de l'Homme et ses besoins, tient plus qu'on ne pense à l'art de faire sur soi des expériences.

Mais cet art, quand nous avons une fois courbé nos têtes sous le joug social, est peut-être le chef-d'œuvre de la raison perfectionnée, parce qu'alors tout concourt à nous faire illusion, que nos cœurs ne parlent pas la langue de la grammaire, et que l'habitude de l'erreur nous apprend à nous défier, même de la vérité.

L'Homme, quand il est hors de la Nature, s'il se trouve entraîné par une passion dominante, ne voit les objets qu'au travers d'un verre coloré qui les dénature : sa mémoire l'égare, son imagination l'aveugle, son tempérament le trahit. Le faisceau de ses fibres éprouve une foule de vibrations en sens contraire, il se tourmente à chaque instant pour faire un choix, et n'est jamais qu'un automate, dont les ressorts sont montés par l'habitude.

D'un autre côté, l'Homme blasé par la continuité des plaisirs tumultueux, est incapable de se déterminer, parce que l'appareil de ses cordes fibrillaires ne peut se mouvoir que faiblement et avec lenteur : toutes ses expériences sont tardives, sa liberté est anéantie, il ne semble plus tenir que par le plus fragile des réseaux au Monde moral et à la Nature,

Ce réseau existe cependant, et il suffit, pour que l'Homme blasé qui se tourmente vainement pour être heureux, démérite; car les mouvemens physiques de la machine, quoique dirigés par une ame automate, sont toujours susceptibles de moralité.

Il est vrai que ses organes viciés le trompent toujours sur la nature de ses besoins : mais c'est lui seul qui en a altéré le mécanisme :

nisme : dès-lors il est coupable de tous les désordres où l'entraînent ses erreurs devenues nécessaires ; et le dépositaire de l'ordre social doit le punir à la fois, de se permettre des actions qui l'exposent aux remords, et d'étouffer ses remords.

Ce tableau, tout faible qu'il est en couleurs, indique assez quelles prodigieuses difficultés a à vaincre l'Homme physique, jetté hors de la Nature, quand il veut travailler à son bonheur en tentant sur lui-même des expériences.

Une raison perfectionnée, abrégerait, comme je l'ai déjà dit, toutes les recherches ; mais c'est le fruit d'une longue expérience, qui ne s'acquiert que quand les cheveux ont blanchi sur l'étude de la Nature : heureusement, pour suppléer à son absence, il est dans l'ordre moral une espèce de tact particulier, fruit de l'habitude de réfléchir dans une tête heureusement organisée : ce tact est, dans la science du bonheur, ce que le goût est dans l'étude des arts ; il semble agir en inspirant, comme le Génie de Socrate.

Je regarde ce tact moral comme l'appli-

F

cation rapide des réflexions et des expériences : il combine, avec la rapidité de l'éclair, les effets et les causes : il saisit les rapports de la Nature brute et de la Nature mise en œuvre par les Législateurs : quelquefois même, de la discordance des passions individuelles, il tire l'harmonie générale du Monde Social.

Le tact moral n'agit point sur les Hommes dont l'insensibilité fait la base du caractère : sur ces froides statues qui ne se vivifient jamais au feu du patriotisme, qui ne palpitent pas au spectacle de l'amitié, et chez qui l'incendie de l'amour, toujours étouffé par les glaces du tempérament, ne cause aucune explosion : aussi de pareils êtres, que les naturalistes devraient ranger dans la classe des Zoophytes, plutôt que dans celle des Hommes, ont besoin d'efforts violens pour sortir de cet anéantissement : il faut que la verge de l'infortune les secoue, et ce n'est que par des coups de tonnerre, qu'on peut interrompre en eux le sommeil de la Nature.

Né le plus sensible des Hommes, ce tact moral, j'en dois faire l'aveu, ne m'a pas été inutile dans les premiers linéamens de ce code du bonheur : mais jamais il ne se serait développé, si je n'avais pas vu un Visir se poignarder au faîte de la gloire, si un orage ne m'avait pas jetté au milieu des Laves d'une Isle Volcanique, et si dans l'origine de mes longues erreurs, je ne m'étais pas vu piqué par un Zemb et trahi par ma maîtresse.

Appliquons un moment le tact moral sur ce principe du plaisir qu'on appelle la sensibilité.

L'Anatomie a remarqué dans les fibres une espèce de force tonique, qui tend sans cesse à les racourcir, et qu'on regarde comme le premier mobile de la sensation. Cette force se rencontre dans un Cèdre, comme dans une Coralline, parce que ces deux êtres vivent, et que vivre c'est sentir ; mais l'Homme en jouit dans un degré supérieur, parce que la Nature a perfectionné en lui les organes du sentiment : et c'est parce qu'il est le plus sensible des êtres qu'il peut en devenir le plus heureux.

Toute sensation de l'ame, semble liée à

un mouvement de fibres sensitives ; ainsi le genre nerveux a un rapport intime avec le système des passions. Lorsque ces cordes toniques ne sont que légèrement ébranlées, l'ame jouit d'une heureuse sérénité ; mais si elles éprouvent des vibrations trop fortes et trop précipitées, l'ame est en convulsion par le flux et le reflux des passions tumultueuses.

Le tissu des fibres est très-délicat dans l'enfance, elles s'ébranlent alors très-aisément, mais avec une certaine faiblesse ; aussi un enfant, que tout amuse, n'éprouve qu'un plaisir imparfait ; dans un âge mûr, les fibres acquièrent de la solidité : les mouvemens sont plus rares, mais ils ont plus de force : c'est alors que les grands caractères se développent, que Montesquieu crée l'Esprit des Loix, et que César pleure sur une statue d'Alexandre. Dans la vieillesse les fibres perdent leur mollesse et leur flexibilité ; la sensibilité s'altère, les passions restent sans énergie, et l'ame flétrie n'a plus de jouissances.

Cette théorie sur la sensibilité était nécessaire pour arriver au bonheur par la porte du plaisir.

Tout ce qui agit avec mollesse sur les organes du sentiment fait naître le plaisir : mais si la sensation cause dans les fibres nerveuses des secousses trop violentes, elle ne saurait manquer de produire la douleur ; rien n'est plus en contact avec la douleur qu'un grand plaisir.

Grace à l'activité de notre imagination, ou plutôt à son incohérence, la jouissance continue des plaisirs modérés nous devient presque toujours insipide : s'ils cessent de se rendre par degrés plus piquans, ils cessent aussi de nous affecter ; voilà pourquoi le bonheur est déjà loin de nous, que notre ame altérée le cherche encore.

De là l'absurdité de la rêverie philosophique, qui définit le bonheur une continuité de plaisirs. Cette série de momens voluptueux est incompatible avec la faiblesse de nos organes : l'excès du plaisir anéantirait bientôt jusqu'au tact qui en est l'instrument, et notre ame ne jouirait plus qu'au milieu des ruines.

On juge du plaisir par son intensité, comme du bonheur par sa durée.

Un instant du plaisir le plus vif, peut être mis en parallèle avec plusieurs années de bonheur. Il n'y a peut-être point de paradoxe à dire que lorsque Pâris jouit d'Hélène, lorsqu'Archimède résolut le problème de la Couronne, lorsqu'Aristide écrivit son nom sur la coquille de l'Ostracisme, ils vécurent cent ans.

On est tenté de croire qu'un être qui ne connaîtrait qu'un seul plaisir, ne s'en dégouterait jamais : il est assez probable que la plante sensitive ne connaît d'autre plaisir que celui de l'existence, et ce plaisir unique suffit pour la conserver. Quant à l'Homme qui s'élance sans cesse de jouissance en jouissance, il les goûte rarement, par la seule raison qu'il les compare. Son imagination trop active suppose toujours qu'il existe des plaisirs plus grands que ceux dont il jouit, ce qui suffit pour l'empêcher d'en sentir la pointe : il perd le bonheur en le goûtant, parce qu'il le voit toujours au-delà de son horizon.

La théorie qui fait la base de ce code

suppose trois degrés à l'échelle du plaisir. A parler avec toute la précision philosophique, l'ame seule, dans toute l'économie humaine, parcourt les trois degrés de l'échelle : cependant l'esprit d'analyse, qui classe tout pour se faire entendre, n'est point ici à rejetter. Il est évident que l'ame ayant plusieurs facultés goûte aussi plusieurs sortes de plaisirs ; les Sens s'ouvrent aux jouissances physiques, le cœur aux jouissances morales et l'entendement aux jouissances intellectuelles.

Les plaisirs des Sens n'appartiennent qu'à quelques saisons de la vie : ils commencent à l'adolescence et se prolongent jusqu'à la fin de la maturité : les plaisirs de l'entendement plus limités se développent avec la raison, et s'éteignent par degrés avec elle : pour les jouissances de l'ame, elles semblent de tout âge, et plus on les éprouve, plus elles augmentent d'activité.

L'Homme physique que les plaisirs des Sens rendraient le plus heureux, serait peut-être celui qui joindrait la plus grande modération dans les desirs à la plus vive sensibilité : qui, avec de grandes passions, aurait le courage de ne se procurer que de petites jouissances : qui joindrait les organes d'Alcide à la raison de Bayard ou de Marc-Aurèle.

PHILOSOPHIE DE L'AMOUR,

SUR LES

ORGANES EXTERNES DU SENTIMENT.

L'ANTIQUITÉ supposait toutes ses Magiciennes issues de la Thessalie; eh! comment cette rêverie ne trouverait-elle pas grace auprès de mon imagination, quand je vois sans cesse l'ombre de ma Thessalienne errer autour de ma plume : quand ma bouche ose lui sourire, au moment même où ma raison la repousse : quand, séduit par une magie, qui me fut si long-tems fatale, mes regards qui la cherchent encore en l'évitant, deviennent complices de son infidélité!

O charme d'une première passion dans un cœur qui ne sait point tromper! on peut s'indigner, dans l'âge mûr, d'un choix fait dans l'adolescence, mais l'ame indocile y revient sans cesse : on ne hait l'être dont la perfidie nous fait rougir, que parce qu'on se surprend à l'aimer encore.

Fille de Platon, laisse-moi encore quelques minutes me bercer des erreurs douces, qui séduisirent mon printems : c'est des plaisirs des Sens que je t'entretiens, et je ne dois pas être en scène avec des personnages plus sévères qu'une Magicienne de la Thessalie : si jamais cet écrit s'achève, si je m'élève aux plaisirs de l'entendement, si mon cœur vient à palpiter aux pures jouissances de la vertu, crois qu'il m'en coûtera peu de bannir de ma pensée celle à qui le tort que je pardonne le moins, est de me faire oublier un moment Éponine.

Je la vois, je l'entends cette enchanteresse, à qui je dois mes premières erreurs et mes premiers plaisirs; je distingue la grotte tapissée de fleurs sauvages, où elle m'écrivit la lettre la plus ingénieuse sur les parfums de la Nature et sur nos amours. Cette lettre est perdue, je le sais, mais je la lis encore toute entière dans un des replis les plus secrets de mon cœur.

« Platon, j'aime à te rappeller la première

» lutte de ton cœur avec mes sens, c'est-à-
» dire, ta première victoire ; j'allais porter à
» la ville une corbeille de fleurs, dont le
» prix était destiné à commencer ma dot :
» car mes fleurs et mes quinze ans étaient
» mon seul patrimoine : je te rencontrai as-
» sise auprès d'un Rosier, dont tu savourais
» le parfum avec délices ; je n'avais jamais vu
» respirer les Seigneurs de ton rang que dans
» une atmosphère d'odeurs factices, dont
» ma délicatesse était blessée, et le goût
» simple et pur dont tu t'honorais, me pré-
» vint pour toi ; je te sus gré du hazard même
» qui, ce jour-là, t'avait fait adopter un vê-
» tement pastoral : car il semblait à ma va-
» nité, que ne pouvant m'élever à ta hau-
» teur, tu avais tenté de descendre jusqu'à
» moi : le charme de ton langage acheva l'en-
» chantement : *Céleste enfant*, me dis-tu,
» *toutes tes fleurs ne sont pas dans ta cor-*
» *beille ; faisons un échange : et pour prix*
» *de mon cœur, cède moi ton Rosier avec*
» *toutes ses roses :* je rougis et me détournai
» aussi-tôt, pour que ton cœur n'entendit
» pas cette réponse du mien.

» Combien de fois, depuis ce moment qui
» a fait luire à mes yeux l'aurore du plaisir,
» le tableau de ce que je viens de tracer
» a-t-il renouvellé ma jouissance? J'ai érigé,
» au Génie de l'odorat, un Autel champêtre,
» au milieu de ces colonnes, sans base et
» sans chapiteau, que j'appelle le Temple
» de la Nature; j'y porte tous les jours un
» tribut de fleurs, moins suaves peut-être que
» le parfum de ton haleine : les roses, sur-
» tout, qui m'ont fait deviner tes desirs,
» me font palpiter de joie et d'amour : mon
» imagination féconde les place par-tout ;
» j'en entoure les vases où l'on recueille le
» lait de mes brebis ; j'en tresse mes che-
» veux : le lit où je repose loin de toi en
» est semé : viens toi-même en respirer la
» douce ambroisie : essaye ce que peut la
» double magie des fleurs et de la tendresse
» sur tes sens ; et si, pendant que je charme
» ton absence en te traçant cette lettre, il
» te plaît de presser de ton corps ce lit
» embaumé que j'abandonne, n'imite pas
» le Sybarite antique, et que ce soit l'éloi-
» gnement de ton amie, plutôt que le pli

» de la rose, qui interrompe ton sommeil ».

Tel fut le premier billet que je reçus de ma Thessalienne : il y avait déjà deux mois que nos cœurs s'entendaient : ils furent la moitié de cet intervalle sans le savoir, et l'autre sans se le dire : le charme se prolongeait ainsi, par les desirs mêmes qui semblent fatiguer l'Amour, et il ne se rompit qu'au dénouement.

Ces deux mois furent employés à créer ce que j'aimais : par bonheur, cet enfant parfaitement organisé, avait en germe un esprit supérieur, qui appellait la culture : c'était une statue faite par une main céleste, qui ne demandait qu'à être vivifiée, et je réussis à en être le Pygmalion.

La première leçon qu'elle reçut de moi devait regarder l'organe de l'odorat, qui nous avait fait pressentir notre commune félicité : je lui exposai en jouant les élémens alors un peu imparfaits de ma théorie ; et après diverses expériences sur les plaisirs que ce sens procure, nous en conclûmes qu'il ne fallait jamais être ni en-deçà, ni au-delà de la Nature.

S'il m'était permis, après trente ans de nouvelles recherches, de rectifier ici ces élémens, je marcherais à la lueur d'une philosophie un peu plus sûre que celle de l'Amour ; je pourrais espérer d'avoir des prosélytes d'un ordre supérieur à une enchanteresse de la Thessalie.

L'odorat est doué d'une sensibilité plus exquise que le goût : on dirait que la Nature l'a placé auprès du palais pour en rectifier les méprises.

Ce sens, beaucoup plus subtil dans certains animaux domestiques que dans l'Homme, est peut-être la base de leur fidélité : le Singe, qui a cet organe très-sensible, reconnaît une femme, sous quelque forme qu'elle se déguise : et qui sait si l'habitude de vivre avec l'espèce humaine, ne lui apprendrait pas, comme à un ancien Philosophe d'Athènes, à distinguer une Vierge, de la fille qui a perdu sa virginité.

On ne peut douter qu'il ne parte de tous les corps animés, des émanations, qui ont plus ou moins d'analogie avec le fluide nerveux qui vivifie nos organes : ce n'est même que par-là qu'on explique le phénomène si problématique pour le Physicien à système, mais si vrai, des sympathies et des anti-pathies.

En général, les corpuscules qui émanent des parfums, agissent sur les lames nerveuses qui tapissent la partie supérieure du nez, et l'ébranlement des lames se communique jusqu'au siége du sentiment : tel est le méchanisme de cet organe.

Il est singulier que, dans les animaux, la sensibilité réside presque toute entière dans l'odorat : un chien de chasse, avec son museau, voit les objets qui ne sont plus, et savoure ceux qu'il n'est plus à portée d'atteindre : c'est un triple organe, qui lui tient lieu de nez, de bouche et de main. Il n'en est pas de même de l'Homme : son tact est d'une sensibilité exquise, et l'odorat en lui est bien éloigné d'approcher de cette perfection. L'Histoire Naturelle rend une raison spécieuse de ce phénomène : le sentiment de l'Homme *est* dans le tact, parce qu'il a plus besoin de connaître que d'appèter ; celui de l'animal est dans l'odorat, parce qu'il a plus besoin d'appèter que de connaître.

Cependant l'Homme qui veut être heureux par les sens, a un grand intérêt à ne point abandonner son odorat à une faiblesse qui, sûrement, tient plus au vice de la vie sociale qu'à son organisation élémentaire : nous pouvons quelquefois tout ce que nous voulons avec quelque énergie. On a vu des Nègres aux Antilles qui suivaient les hommes à la piste comme des chiens de chasse, et qui distinguaient très-bien les voies d'un Blanc de celles d'un Africain. Le Chevalier Digby cite, avec complaisance, un enfant élevé dans les bois, qui avait acquis tant de finesse dans l'odorat, qu'il distinguait, par cet organe, l'approche d'un homme qui voulait troubler son asyle. Le Moine de Prague, dont parle le *Journal des Savans* de 1684, prête encore plus à l'étonnement de tout ce qui n'est pas philosophe. Non-seulement il connaissait ses amis dans le silence des ombres en les flairant ; mais ce qui est encore plus extraordinaire, il distinguait une fille d'une femme, et un chaste époux d'un vil adultère. Ce Moine avait commencé un *Traité des Odeurs* quand il mourut, et et assurément personne sur le Globe n'était plus en état que lui de l'exécuter.

Le soin de ses plaisirs semble demander qu'on n'épuise point sa sensibilité par l'usage de ces parfums factices, que le luxe a inventés pour les êtres qui ne savent pas jouir. Ces Femmes, ou ces Hommes-femmes qui marchent toujours enveloppées d'une atmosphère d'essences, sont bientôt mortes pour les parfums de la Nature. Un parterre n'est plus pour elles qu'un tableau heureusement dessiné, et la campagne ne leur paraît qu'un bizarre assemblage de végétaux et de décombres.

Il y a environ un siècle et demi qu'on a apporté en Europe l'usage d'une poudre corrosive, qui dessèche la membrane olfactoire, intercepte le cours des humeurs dans leurs canaux, et peut-être tend à vitrifier l'entrée du cerveau ; c'est le luxe des Capitales qui, dans l'origine, a donné du cours à cette poudre malfaisante : mais le luxe n'est pas la Nature. On justifie cette poudre, comme l'Amacarde de Pythagore, en disant qu'elle donne un nouveau ressort aux Sens,

G

et par eux, à l'Intelligence : mais cette propriété même en rendrait le fréquent usage très-dangereux. Il en est alors de ce stimulant funeste, comme des liqueurs fortes qui secouent quelques minutes l'entendement, pour le paralyser ensuite, qui conduisent par quelques secousses fébriles de plaisir, à l'habitude de la stupidité.

Je ne parlais à ma Thessalienne, dans nos leçons d'amour, ni de l'Anacarde de l'Orient, ni de notre poudre corrosive qui la remplace : n'étant jamais sortie de la vallée de Tempé, elle n'aurait pu m'entendre. Exposer à un Être neuf les fantaisies des Hommes dégradés, c'est repousser sa croyance ; c'est vouloir endormir le scepticisme du Philosophe avec les contes des Métamorphoses.

Au reste mes leçons, quoique sans profondeur, avaient un charme inexprimable pour ma jeune Amie. Les lumières qu'on demande et qu'on communique, ajoutent un aliment au feu naturel de l'Amour. Faites électriser, par le contact de l'entendement, deux Êtres de différent sexe : il est à présumer qu'après quelques expériences, l'un des deux personnages sera Héloïse, et que l'autre cessera d'être Philosophe.

Et ma méthode pour instruire l'Héloïse de la Thessalie était d'autant plus sûre, que j'avais soin de lui en sauver l'appareil scientifique : jamais nous n'avions d'heure fixe pour notre Lycée ; c'était l'occasion qui déterminait le lieu, l'instant et la nature même de nos entretiens. Cet abandon nous offrait dans le travail des roses sans épines : nous n'avions voulu que varier l'intervalle de nos plaisirs ; et cet intervalle même devint peu-à-peu pour nous une jouissance.

Un jour que nous allions visiter le monument de fleurs qui, le premier, nous avait dévoilé le secret de notre intelligence, nous y vîmes un Musulman incliné, qui, une lorgnette à la main, semblait étudier la structure d'une Anémone. Je crus d'abord que c'était un Vieillard qui, près de sa tombe, suppléait par des yeux factices à la faiblesse de son organe. Son visage et sa renommée me détrompèrent. Je reconnus le fils d'un Aga des Janissaires, élevé dans le Sérail du Grand Seigneur, et qui, blâsé sur les plaisirs des Sens, offrait, au sortir de l'Adolescence, tous les symptômes de la décrépitude. Mon Amante sourit de dédain : tu vois, lui dis-je, combien l'usage immodéré des jouissances les plus faites pour l'Homme, altère l'intégrité des organes. Les Capitales de l'Europe sont pleines de jeunes aveugles, qui, n'ayant ni le génie d'Homère, ni les talens du Géomètre Saunderson, sont bien loin de rougir des secours qu'ils empruntent de l'Optique, pour suppléer à l'abandon de la Nature ; mais il faut les plaindre, pour les maux mêmes dont ils osent tirer vanité.

Le jeune Aga s'était retourné machinalement de notre côté ; mais quoique notre ombre, interjettée par le Soleil, fût sur le point de l'atteindre, il ne nous apperçut pas. La Thessalienne, que ce spectacle amusait, me proposa de traiter à haute voix, devant lui, la théorie de la vision ; et persuadé qu'il y avait, dans son propos, plus de gaieté que de malice, je me prêtai à l'expérience. —

Il y a, continuai-je, en présence du personnage muet, des faisceaux de fibres rassemblés dans toute l'étendue de la rétine et du nerf optique; il est probable que chacun de ces faisceaux est composé de fibrilles analogues aux sept couleurs primitives de la lumière : si quelque rayon vient frapper l'organe, le sensorium est ébranlé, et l'ame n'est plus dans les ténèbres.

Newton a appris au Sage de la Nature à perfectionner sa vue, en ne croyant donner qu'une théorie sur les phénomènes de la vision. Ce grand Homme a trouvé l'art de décomposer un rayon solaire; il a calculé comment le fluide lumineux traverse, en moins de huit minutes, trente-quatre millions de lieues; il a rectifié l'Optique erronée de Descartes et de Malebranche; et la morale n'est pas tout-à-fait étrangère au service que ce Philosophe a rendu à la Physique.

L'œil matériel a beaucoup de rapport avec celui de l'entendement. Depuis qu'avec le secours du Microscope, le Naturaliste est descendu dans l'abîme des infiniment petits, le voile qui cachait à sa raison un nouvel Univers, s'est dissipé, et ses idées sont devenues grandes, comme les opérations de la Nature.

Il est d'autant plus nécessaire de perfectionner en nous l'organe de la vision, que par lui-même, il égare autant qu'il éclaire. Ce Sens nous trompe sur l'étendue des corps, sur leur figure, sur la vitesse de leur mouvement, sur leur distance et sur leurs propriétés : il est l'origine d'une multitude d'erreurs physiques, ainsi que morales, et il ne devient vraiment utile au bonheur de l'Homme, que quand il est rectifié par le toucher, et guidé par la raison.

L'exercice ajoute beaucoup au Sens de la vue, et par conséquent, à la variété de nos plaisirs. L'œil du Peintre est un vrai tableau, où les nuances les plus fines vont se tracer. Placez un Artiste et un Homme du Peuple devant la Basilique de Saint-Pierre : le premier aura déjà saisi toutes les proportions de son architecture, tandis que l'autre n'aura encore distingué qu'un Pérystile, un Dôme et des pierres de taille.

Un ancien Philosophe se creva les yeux, pour n'être point distrait dans ses conceptions métaphysiques ; mais c'était un insensé, qui ne pouvait être loué que par d'autres insensés. On ne perfectionne point son être, en le détruisant...... Homme timide, tu veux dompter tes sens ! Qu'as-tu besoin du couteau d'Origène ? Ose combattre, et tu apprendras, par tes défaites, à être vainqueur. La Nature n'est point mauvaise, mais le cœur humain le devient quelquefois ; écoute la voix du Philosophe : respecte ton corps, et ne mutile que ton entendement. —

Cette dernière apostrophe avait été prononcée avec le feu de l'enthousiasme : le jeune vieillard se retourna un moment, comme si la chûte de quelques feuilles avait froissé son oreille ; et ne voyant aucun corps étranger sur lui, n'entendant, pour ainsi dire, que le silence de la Nature, il se remit tranquillement à la contemplation de son Anémone.

Un Esclave du jeune Aga, assis sur un tertre, non loin de son maître, charmait alors les longs ennuis de la servitude, en chantant ses amours ; sa voix mélodieuse résonnait comme l'antique statue de Memnon, dans le vague des airs : perdue pour la félicité de l'espèce d'Eunuque qu'il servait, elle ne le fut pas pour celle de ma Thessalienne, qui, s'approchant de lui, lui fit sentir, par la douceur de ses regards, que son ame allait résider toute entière dans son oreille.

L'Esclave s'apperçut de ce mouvement, rougit avec cette ingénuité charmante d'un enfant, qu'on surprend à exercer un acte de bienfaisance, et détournant avec art le sens de ses vers, continua, comme s'il s'adressait à sa pensée, les éloges ingénieux qu'il n'adressait réellement qu'à ma Maîtresse.

> Quinze ans, dit-on, mènent au bien suprême ;
> J'ai cet âge, et je dors dans l'oubli de mes sens.
> Le bonheur n'est donc pas à vivre avec soi-même.
>   Nature, achève tes présens,
>   Et si mon cœur doit dire, j'aime :
>   Fais qu'il rencontre encor quinze ans.
>
> Entendre un cœur est le bien où j'aspire ;
> Mais je me berce en vain d'un espoir enchanteur ;
> C'est pour un maître seul qu'un esclave respire ;
>   Jamais la timide rougeur
>   D'Agnès, de quinze ans, qui soupire,
>   Ne me dirait : entends mon cœur.

Mourons d'amour, sans jamais le connaître,
Puisque le ciel jaloux m'y condamne en ce jour :
Heureux, quand je suis mal, de terminer mon être ;
Mais plus heureux si, de retour,
Payant le feu qu'elle fait naître,
Beauté me dit : mourons d'amour.

Il y avait long-tems que les chants mélodieux de l'Esclave avaient cessé, et la Thessalienne, en extase, les écoutait encore : enfin, après une longue rêverie ; mon ami, me dit-elle, en se levant, quittons ces lieux enchantés : je respire avec peine, et cette Musique me fait mal.

En regagnant notre asyle, je m'apperçus que les genoux de mon Amante se dérobaient sous elle; je lui proposai de s'asseoir avec moi auprès d'une cascade, formée par les eaux d'une source limpide, qui se faisait jour au travers d'un rocher. La variété des obstacles qu'éprouvait l'onde bouillonnante, semblait rompre la monotonie de la chûte : oui, dit la jeune Enchanteresse, je sens que ma sérénité commence à renaître : la Musique de la Nature est plus faite pour mon bonheur que celle des Hommes.

Cependant, elle était toujours absorbée dans une rêverie dont ni elle, ni moi, ne soupçonnions la cause. Je lui proposai, pour l'en tirer, de lui faire part de mes principes sur le méchanisme de l'organe, qui nous procurait les jouissances pures de l'harmonie : et comme je n'étais pas, en ce moment, plus tranquille qu'elle, me fiant peu à ma mémoire, je tirai le papier sur lequel j'avais jetté mes idées primitives, et l'œil un peu humide, un de mes bras passé autour d'elle, et mon manuscrit sur ses genoux, je tentai, en tremblant, ma lecture.

« On peut regarder l'intérieur de l'oreille, » comme un Echo, où le son se réfléchit, » ou, si l'on veut, cet organe est une espèce » de Clavecin, dont le Labyrinthe et le Limaçon forment la base : ses rubans sonores » représentent les cordes isocrones de l'instrument, et les colonnes d'air qui pénètrent » dans le tympan, sont les sautereaux qui » les mettent en jeu; dès que le nerf auditif » est ébranlé, l'ame entend des sons, et » s'ouvre au plaisir de l'harmonie..... ».

Ma chère Amie, tes regards sont fixés

sur cette cascade; un mouvement involontaire te fait battre la mesure, mais ton ame n'est point du tout à mon Clavecin. — Je vais mettre ma théorie un peu plus à portée de ton intelligence.

« L'ouie est bien plus nécessaire à l'Homme
» qu'aux êtres inférieurs de la grande échelle
» de la Nature, parce que dans le premier,
» cet organe est essentiellement lié à celui
» de la parole. Un sourd de naissance est
» toujours muet : il ne peut, ni s'instruire
» des pensées de ses égaux, ni leur com-
» muniquer les siennes : il est toujours seul
» au milieu de la multitude : borné à la vie
» animale, il est rare qu'on soupçonne qu'il
» a une existence intellectuelle.

» Le Sens de l'ouie est une des bases les
» plus pures de notre félicité. Cette cascade
» peu bruyante ne porte qu'une douce mé-
» lodie à notre oreille : mais je plains les
» Peuples qui habitent les environs des Cata-
» ractes du Nil, et du Saut de Niagara.
» Assourdis par le fracas des Fleuves qui
» se précipitent tout entiers du haut de ces
» roches amoncelées, ils doivent avoir moins

» d'intelligence que nous, et peut-être, plus
» de pente vers le suicide.

» Les Anciens étaient si persuadés que la
» mélodie est un des plaisirs les plus tou-
» chans de la Nature, que les Législateurs
» firent quelquefois entrer des préceptes de
» Musique dans les Codes qu'ils donnèrent
» aux Nations. Voyez l'Auteur brillant de
» la *République*, dont j'ai la gloire d'être
» issu : *un Musicien*, dit-il, *peut apprendre*
» *à l'Instituteur des Hommes, par quels*
» *sons on fait naître l'audace et la mo-*
» *destie, la bassesse de l'Ame et la magna-*
» *nimité*. D'ailleurs, l'Histoire sert d'appui
» à cette espèce de paradoxe. On sait que
» les Magistrats de quelques Métropoles
» Grecques s'intéressaient à l'addition de
» quelques cordes dans une Lyre, comme
» Philippe Second, à la découverte d'une
» mine du Potosi. On croyait alors, assez
» unanimement, qu'un Musicien devait être
» plus intrépide, plus généreux et plus sen-
» sible qu'un Homme qui n'avait point
» d'oreilles.

» La Musique n'opère plus, parmi nous,

» les prodiges qu'elle opérait au Péloponèse
» et dans l'Orient. Un Jarnowich, malgré
» tout son talent, n'appaiserait pas des
» émeutes populaires, ne fléchirait pas des
» tyrans, ne calmerait pas des frénétiques,
» ne rappellerait pas des mourans des portes
» du tombeau. Qui a pu produire cette sin-
» gulière dégradation ? Vient-elle de ce que
» nous n'avons plus les Lyres d'Athènes,
» les Nables de Sidon et les Cistres dorés
» de Memphis ? La Musique de Sacchini et
» de Pergolèse est-elle inférieure à celle de
» Terpandre et d'Arion ? Ou enfin, y au-
» rait-il, dans l'espèce humaine, une ten-
» dance graduée vers l'insensibilité, qui,
» portée par le laps des siècles à son dernier
» période, annoncera notre destruction ?

» La Musique sera toujours chère à l'Elève
» de la Nature ; il la fera servir à perfec-
» tionner l'organe de l'ouie, à rétablir la
» sérénité dans son Ame, et à bannir l'en-
» nui, qui, pour l'Être qui pense, semble
» un mal égal à la douleur.

» La Musique, dans l'entendement d'un
» Timothée, est un ressort propre à tendre

» le génie ; c'est un moyen, pour un Ly-
» curgue, de civiliser des Barbares, et,
» quel que soit le sol qu'on habite, une source
» de félicité pour le genre humain ».

Je refermai mon manuscrit, parce que ma Thessalienne, cédant à un vague sentiment d'ennui, ne pouvait m'entendre. Tu n'es pas insensible, sans doute, lui dis-je, aux douces émotions de la Musique ? — Je l'aime avec transport. — Mais, quel genre d'harmonie flatterait le plus tes organes ? — Tu en doutes ? Est-ce que je dois connaître d'autre harmonie que celle qui met nos ames à l'unisson ? — Pourquoi non ? J'aimerais assez le genre de Timothée, qui, en passant avec art d'un mode à l'autre, se jouait de toutes les passions d'Alexandre : je ne dédaignerais pas le talent d'Esope, qui chantant, comme Homère, ses vers harmonieux, maîtrisait les Rois avec sa Lyre et ses Apologues. — Esope ! N'était-ce pas un Esclave ?..... Mon Ami, la Nuit étend ses voiles : rentrons. J'ai besoin d'exécuter quelques chants avec toi..... ; de ne les exécuter qu'avec toi.

Ce trouble, ce combat avec soi-même, ce demi-aveu d'une ame franche, qui voudrait se dissimuler qu'elle va manquer à la franchise, tout aurait dû élever en moi des doutes sur ce que nous appellions l'éternité de nos Amours; mais doute-t-on, quand on aime pour la première fois? Le témoignage dès yeux mêmes serait infirmé par celui du cœur; et l'estime qu'on a pour soi, garantit celle qu'on doit avoir pour sa Maîtresse.

Cependant, je sentis que le souper qui allait terminer cette scène, n'aurait point la gaieté franche de nos anciens repas : alors, j'y invitai quelques Convives, et parmi eux, un Métaphysicien, qui me faisait sa cour, pour avoir droit de la faire un jour à ma Thessalienne.

Le Festin, car j'avais eu la faiblesse d'en donner un, se prolongea fort avant dans la nuit. On y traita de tout, et en particulier, de la nature des mets dont ma table se trouvait chargée. Le Métaphysicien y brilla beaucoup, parce qu'il parla presque seul. La plupart des Convives, Hommes simples et sans connaissances, l'écoutaient dans le silence de l'enthousiasme. Pour moi, je n'écoutais guères que le silence de ma Maîtresse.

Le beau projet, disait ce Philosophe, que celui du compilateur Grec, Athenée, qui rassemble une foule de Sophistes à sa table, pour les faire disserter, sans goût et sans méthode, sur tous les mets qu'ont imaginés les Apicius de l'Univers ! Assurément, il ne valait pas la peine d'écrire péniblement quinze livres de mauvais vers et de petites Anecdotes, pour apprendre à la postérité, comment les Anciens faisaient un mauvais dîner.

Un Français était là; il était venu, avec l'ingénieux Choiseul, dessiner les ruines mémorables du Péloponèse. N'accusons pas tant, dit-il, le pésant Athenée, d'avoir donné un cadre si étendu à sa Fable des *Deipnosophistes*. Son Ouvrage, tout faible qu'il est, nous a valu un *Voyage d'Anacharsis*, que Platon s'honorerait lui-même d'avoir écrit : je le lis une fois tous les ans, et j'y puise, sans cesse, de nouveaux motifs
d'admirer

d'admirer la patrie des Sophocle, des Phidias et des Socrate.

Pour moi, ajouta le Métaphysicien, je n'ai lu qu'une fois votre Anacharsis, et il n'y a pas beaucoup d'orgueil à dire que je l'ai jugé. Cet Ouvrage n'apprend rien à ceux qui connaissent les Antiquités Grecques, et instruit sans méthode ceux qui ne les connaissent pas. D'ailleurs, sa Fable générale est mal conçue, et la mesquinerie de l'ordonnance ne peut être sauvée que par le fini des détails. On ne pressent point quelle fut l'idée primordiale du Philosophe Français, quand on commence sa lecture, et encore moins, quand on l'a achevée. Y cherche-t-on une Histoire? La chaîne des événemens s'y casse à chaque page. Veut-on un Roman? La filière des faits incohérens par où passe l'intrigue, en détruit l'intérêt. S'attend-on à trouver un Voyage? Le vernis romanesque qu'y donne l'intervention du Héros Scythe, en anéantit le charme le plus précieux, qui est la vérité.

Il ne reste, pour motiver l'enthousiasme d'un ordre de Lecteurs, pour cet Ouvrage,

H

que l'élégance de sa diction : encore, un goût sévère serait-il blessé de l'espèce de monotonie de perfection qu'elle présente : la variété des teintes, dans le coloris d'un tableau, est vraiment ce qui caractérise le génie. Voilà pourquoi Homère écrase de sa gloire tous ces Hommes d'esprit qui, depuis trois mille ans, le traduisent ou l'imitent : voilà pourquoi la Postérité aimera mieux suivre Ulysse qu'Anacharsis, dans leurs voyages vers les régions de l'Immortalité.

Cette diatribe, toute ingénieuse qu'elle était, ne pouvait être entendue que de deux Hommes. Le Métaphysicien, qui aimait encore plus le nombre que le choix des suffrages, se hâta de ramener la conversation sur un sujet qui était à la portée de tous les Convives, sur cet organe du Goût, qui fit déraisonner si long-tems, et le crédule Athenée, et la horde de ses critiques, et même celle de ses admirateurs.

Le Goût, dit-il, qu'Athenée, dans ses quinze livres, a oublié d'analyser, quoiqu'il fût la base fondamentale de son Ouvrage, est, de tous les organes de l'Homme, celui qui a le plus de rapport avec le Sens du Toucher. Il a, comme lui, ses papilles nerveuses, mais plus saillantes, plus épanouies, et parconséquent plus analogues au principe de la sensibilité : je ne sais même, si on ne pourrait pas dire que le Goût, à quelques égards, n'est que le Tact perfectionné.

Les Sels sont un des principes matériels des saveurs : ils servent, par leurs pointes aigües, à crisper les fibres, à les contracter et à les brûler ; ils déchireraient bientôt tout le tissu nerveux, si les corpuscules balsamiques des huiles ne prévenaient, à chaque instant, ses blessures.

Ce Goût, que ma Physique vient de tenter de soumettre à l'analyse, est l'organe qui contribue le plus au bonheur de tout ce qui respire. On conçoit très-bien l'existence d'un Être sourd, aveugle, privé de l'ouïe, et peut-être même, du toucher : mais si, avec l'usage de ces quatre Sens, la Nature lui refusait un palais ; un sentiment vague d'ennui s'emparerait de son ame, dès le premier instant de sa naissance ; la douleur lui succéderait, et quand l'Être animé ne pourrait plus supporter le sentiment pénible de l'existence, il cesserait d'être.

La Nature, comme nous sommes tous à portée d'en juger aujourd'hui, en faisant, de l'organe du Goût, le principe de l'existence animale, y a attaché la plus grande jouissance. Quand l'aiguillon de la faim se fait sentir, on devient insensible aux parfums des fleurs, au charme de la mélodie, à la magie des Spectacles, aux plaisirs mêmes du toucher : un fruit, en ce moment, devient d'un prix inestimable, et l'ame réside toute entière dans le palais qui le savoure.

Plus les voluptés que le Goût fait naître sont intimes, plus il est aisé d'en abuser. L'Homme qui n'a point le talent de savoir se commander à lui-même, épuise la sensation des plaisirs, jusqu'à ce qu'elle se transforme en douleur. Pour le Sage, il jouit peu, pour jouir plus long-tems : il sort toujours de table avant que son appétit soit rassasié.

Rendons justice aux Épicuriens de la moderne Europe. On abrège, dans ses Métropoles, l'intervalle immense des repas : on n'y envie plus les exploits de gloutonnerie que l'Antiquité rapporte de Milon et de Vitellius ; mais ce vice semble remplacé par un autre moins sensible, quoique plus dangereux : la substance d'un service entier se trouve quelquefois concentrée dans un seul plat : à force de perfectionner l'assaisonnement des mets variés qui couvrent nos tables, on altère leur nature, et il se trouve qu'une heure de plaisir équivaut à un jour de jouissance.

L'Homme de la Nature, satisfait des alimens simples qu'elle lui procure, laisse l'Homme du Monde s'empoisonner noblement dans ses repas de Trimalcion, tourmenter son palais, et accélérer sa mort, par les moyens mêmes qui étaient destinés à en rallentir l'approche —.

Le Métaphysicien parlait encore, quand l'Aurore, qui colorait d'une teinte pourprée les fenêtres de la salle, vint avertir mes Convives de leur intempérance. Peu-à-peu, ils sortirent ; et la Thessalienne, et moi, nous restâmes seuls, éprouvant tous deux un embarras, mais mêlé de plaisir, dans notre solitude.

Cependant ma jeune Amie, absorbée par un ennui qu'elle ne pouvait vaincre, n'avait pris aucune part à la joie bruyante du Festin : elle avait même négligé de réparer ses forces par le plus léger aliment. Aussi, quand le retour de la lumière vint l'avertir de son insouciance, l'aiguillon de la faim se fit sentir. Alors, me prenant par la main, elle me conduisit, en silence, dans le verger, et me fit signe de lui cueillir quelques grappes de Raisin. Je me prêtai avec délices à cette fantaisie. Le repas somptueux que j'avais donné n'était pas pour elle ; il ne fallait d'autre mets que du fruit, et d'autre boisson que du lait, pour l'Enfant de la Nature.

Le Raisin cueilli, il me vint une idée, digne de Théocrite, ou de Gessner, son rival ; ce fut de la punir de son silence, en ne lui permettant d'ouvrir la bouche que pour recevoir les grains de raisin que j'allais y jetter. Mon Amie sourit : un feu léger, causé par son émotion, vint vivifier quelques momens les roses éteintes de son visage, et je commençai ce badinage touchant de l'âge d'or.

Comme je me rappelais la fin d'Anacréon, qui périt pour avoir avalé, sans précaution, quelques pépins de raisin, je pris un point d'appui, afin de ne pas rendre mon expérience funeste à mon Amante ; ce fut de lui passer la main gauche autour du col, pendant que, de la droite, je lui lançais le fruit, que ses yeux dévoraient. Ce jeu de l'amour et du hasard amena une leçon sur le tact, et ce qui délivrait nos ames d'un poids qui les écrasait, une double confidence.

Dans le mouvement de ma main droite, pour lancer le raisin, ma gauche, qui craignait de peser sur le col de ma Maîtresse, changeait, à chaque instant, de direction. A la fin, elle atteignit un sein d'albâtre, que mes yeux mêmes, jusqu'à ce moment, avaient respecté. L'effet en fut aussi rapide que le feu de l'électricité : la Thessalienne fit un cri, soit d'amour, soit d'effroi, que l'Écho d'une Grotte voisine se plut à répéter; et je tombai machinalement à ses genoux, comme si j'avais eu besoin de cette expérience, pour reconnaître que j'avais un cœur.

Quand nos Sens furent un peu rassis, et que la douce pudeur de la Fille de la Nature eut préparé un frein à mes desirs : tu le vois, lui dis-je, il n'y a point de magie égale à celle du Tact : aussi, c'est celui de nos organes dont l'empire est le plus étendu. Il semble même qu'il les embrasse tous, et que la vue, l'ouie, le goût et l'odorat ne soient que le Tact, diversement modifié.

La commotion involontaire que nous avons éprouvée, dirai-je avec inquiétude, dirai-je avec délices, vient du nombre prodigieux de fibres, ramifiées à l'infini, qui forment, sur la surface de notre corps, l'organe du Toucher. Ils composent les trois membranes que l'Anatomie nomme, l'épiderme, le réticule et la peau ; et leur ébranlement, transmis au sensorium, produit ces deux grands mobiles de la vie, qu'on appelle le plaisir et la douleur.

Le Toucher, comme une palpitation d'amour vient de nous le faire connaître, n'est proprement qu'un contact de superficie. Si la glace contracte les fibrilles de la peau, il en résulte la sensation du froid : si les rayons du Soleil les dilatent, il en résulte le sentiment de la chaleur. Une pression douce et uniforme de l'atmosphère ouvre l'ame aux impressions de la volupté, et une espèce de spasme dans le tissu nerveux occasionne en elle la terreur et le frissonnement. Si le Ciel nous ôtait cet organe du Tact, qui nous a fait appercevoir que nos cœurs battaient à l'unisson, nous cesserions d'être Hommes, nous tomberions, sans état intermédiaire, au dernier degré de l'échelle de la Nature.

L'Homme paraît l'Être le plus sensible au contact des corps : voilà, me disait, l'an passé, le jeune Aga, aujourd'hui si vieux, pourquoi le physique de l'Amour a pour nous tant d'attraits. Le Tact est un Protée, qui nous présente le plaisir sous toutes sortes de métamorphoses : le reste de la Nature est loin d'avoir été si bien partagé; aussi les Animaux engendrent, mais l'Homme seul sait jouir.

L'organe du Toucher réside particulièrement dans la main, dans cette main qui a profané, malgré elle, le plus pur de tes charmes. Cette partie du corps de l'Homme est la plus flexible de toutes, et celle qui se prête le plus facilement aux caprices divers de la volonté. S'il était possible d'en augmenter les articulations ; par exemple, d'avoir une main composée de dix doigts, je ne doute pas qu'on ne fortifiât, dans son ame, le principe du sentiment. Le Métaphysicien qui a fait, par son esprit, les honneurs de notre souper, m'a dit souvent avoir connu, dans Berlin, une famille de sexdigitaires. Les individus qui la composent doivent, toutes choses égales, d'ailleurs, avoir plus de sensations de douleur et de plaisir que le reste des Hommes.

Les Femmes, en qui la Nature, l'éducation, et une teinte de coquetterie, peut-être, concourent à donner la plus grande finesse à l'organe du Toucher, m'ont toujours paru plus sensibles que les Hommes ; leurs fibres se contractent et se dilatent aux plus légères impressions des corps. Je viens d'en faire la douce expérience. Un cri t'a échappé, lorsque, tout entier à des desirs inconnus, je n'ai pu que tomber machinalement à tes pieds. Le jeune Aga, devenu Tithon, à force de voir des Aurores, a observé une foule de Femmes, qui sont ivres d'amour, quand leur Amant n'a qu'effleuré de ses lèvres la coupe de la félicité.

L'élève de la Philosophie, qui croit à la possibilité du bonheur pour l'Homme, ne saurait trop s'appliquer à perfectionner en lui l'organe du Tact, qui étend la sphère de ses connaissances, qui rectifie les erreurs des autres Sens, et répand, çà et là, quelques rayons de plaisir, au travers des ombres sinistres de la vie. La Nature conduit à ce précepte, et malgré l'orgueil des interprètes des Révélations, la Nature est le premier des Législateurs.

L'usage des bains, un travail modéré, et sur-tout la propreté, conservent au Tact toute sa délicatesse. Les Hommes atrabilaires, qui contredisent cette théorie, sont, pour le Sage, un objet de pitié. Vois les Sauvages et les Fanatiques de tous les cultes, les Kalmouques et les Cénobites du

Mont-Athos, ou de la Thébaïde : leur corps devient hideux, et leur esprit stupide : on dirait qu'ils se tourmentent, pour devenir des monstres.

Le Tact, dans les Amis de la Nature, devient quelquefois si parfait, qu'il peut dédommager un aveugle de la perte de la lumière. L'Europe entière connaît le fameux Mathématicien Saunderson, ayant un peu du génie d'Homère, et toute sa cécité, qui se créa deux yeux d'une espèce nouvelle, sa main et son intelligence. Je suis loin, cependant, de justifier ces Hommes frivoles, qui, jettés dans le moule du jeune Aga, avec une ame faible et des organes éteints, cherchent, par le secours de l'art, à rappeller une sensibilité qui leur échappe, se font un tact factice, pour remplacer celui de la Nature, et meurent tous les instans où ils cessent de jouir.

Mon Ami, me dit avec un léger mouvement d'impatience, la Thessalienne, voilà trois fois, en quelques minutes, que tu me parles de ce jeune Aga : pourquoi me ramener, sans cesse, à un tableau que j'avais tant de plaisir à effacer de ma mémoire ? Oublies-tu qu'il est le Maître de l'Esclave ? —

J'interrogeais ton ame : ton secret échappe enfin à ta franchise, et je t'ai deviné. —

Ah ! ne crois pas qu'en provoquant tes soupçons, je les aye mérités. Mon cœur est toujours pur, et en t'abaissant, malgré ton rang, à m'aimer, tu m'as rendue digne de toi. —

Eh ! pourquoi cesserais-je de t'estimer ? Je n'ai pas encore mérité de perdre l'estime de moi-même. —

Mais, ce retour continuel sur le jeune Aga ! ..... —

Son Père fut, dès le berceau, l'Ami du mien ; j'ai été élevé avec sa Sœur, qui serait un prodige unique de beauté et de grâces, si je ne te voyais pas. Le jour où le Chef de cette maison fut nommé Gouverneur de cette Lacédémone, dont la barbarie Musulmane a fait Misitlira, il me prit dans ses bras : j'avais à peine dix ans, et le souvenir m'en fait tressaillir encore de joie et de reconnaissance : *Platon*, me dit-il, *tu mérites d'être heureux : tu le deviendras un jour, mais je pressens que ce ne sera que de ma main.* Cette espèce de prophétie, de la part d'un Philosophe pratique, qui n'en fit jamais, me fait souvent rêver, malgré moi. Est-ce que je ne suis pas heureux? Ton cœur, que je ne dois qu'à moi-même, ne m'appartient-il pas tout entier? L'Être suprême a-t-il imaginé, pour l'Homme, une félicité plus grande que de mourir d'amour avec toi? —

Ta confidence, ame céleste, m'arrache la mienne. Étonne-toi de ma sensibilité, plains-en les effets, mais écoute-moi.

Il y a un an, que me promenant, avec deux de mes compagnes, dans cette gorge, entre l'Olympe et l'Ossa, que le fleuve Penée couvre, presque toute entière, de ses eaux vagabondes, je me déterminai à y prendre, avec elles, le plaisir du bain. A peine nos pieds touchaient-ils l'onde écumante, qu'une voix mélodieuse, sortie d'une Grotte que nous cachait la hauteur du rivage, chanta des strophes Anacréontiques, sur le bonheur. Cette voix, pardonne à une illusion qui m'est chère, ressemblait, par le timbre sonore et moëlleux, à celle de l'Esclave du jeune Aga ; mais nous ne sommes pas encore au terme des enchantemens.

Mes Compagnes, doucement émues d'un chant qui émanait du cœur, et que le cœur aimait à répéter, curieuses de connaître le bonheur, et peut-être encore plus, l'objet qui le promettait, avec un si bel organe, se rhabillent à la hâte, et vont, d'un pied léger, chercher la Grotte de la Syrène. La recherche fut longue, parce que les Échos des rochers, en variant les indications, en faisaient perdre la trace. Cependant j'étais seule, sans voile, contre l'audace des regards, sans défense, contre les attentats de la force : l'instinct de la pudeur m'engagea à m'approcher du courant du Pénée, pour que les eaux, qui devaient atteindre ma tête, me servissent de vêtement. Malheureusement, je connaissais mal le fleuve, à cette distance du rivage; la vague, qui me maîtrisait, m'emporta, et au lieu de nager, je m'abandonnai au courant, prête à perdre connaissance.

L'Étranger à la voix mélodieuse m'avait

apperçue, du fond de sa Grotte, luttant vainement contre les flots qui allaient m'engloutir. A l'instant, il s'élance dans le fleuve, me saisit par les tresses de ma chevelure, et me tire doucement sur la plage.

J'étais à demi nue, n'ayant, pour me couvrir, qu'un lin transparent, qui dessinait mon corps plus qu'il ne le voilait; cette situation pénible n'échappe pas à mon instinct de décence : en ouvrant mes yeux mourans, je n'ose les élever jusqu'à mon bienfaiteur; ma voix éteinte ne sait que balbutier la langue du sentiment. Alors l'Étranger, qui voit mon embarras, se dépouille de son premier vêtement, le place, avec un respect religieux, sur mon sein, et se retire, sans ouvrir la bouche, comme si son cœur sublime voulait ajouter à son bienfait, en me dispensant de la reconnaissance.

Cet Être généreux qui est descendu, comme un Dieu tutélaire, sur le Penée, pour me jetter un jour dans tes bras, qui, en respectant mon honneur, m'a donné plus que la vie ; eh bien ! Platon....., connais ton Amante : pardonne-lui, mais ne t'offense pas par des soupçons jaloux..... : c'est encore l'Esclave. —

A ces mots, le rideau que ma confiance dans la Thessalienne avait entr'ouvert, se déchire tout-à-fait : je vois qu'un cœur aussi pur ne saurait pas plus être soupçonné que le Ciel qui l'a fait naître; et les bras tendus, un genou en terre, l'œil humide des pleurs du sentiment, je sollicite un pardon que je ne croyais, dans l'origine, fait que pour elle. Ma jeune Amie était aussi émue que moi : ses beaux bras se jettèrent à mon col; nos larmes se confondirent ; nos bouches embrâsées se pressèrent, et il ne manqua à cette scène qu'un peu moins d'ignorance dans le but de nos desirs, pour que l'Amour heureux en fît le dénouement.

DU DANGER
D'ÉMOUSSER LES SENS,
PAR TROP DE JOUISSANCES.

Laisse-moi respirer un peu, ma tendre Éponine : le Tableau que je viens de te tracer semble avoir donné des Sens à ma vieillesse. Je craindrais trop, en prolongeant l'illusion enchanteresse de pareils souvenirs, d'oublier les feux plus purs qui m'ont permis de te nommer ma Fille. Ce chapitre va être inspiré par une Philosophie plus sévère que celle de l'Amour : je parlerai encore des Sens ; mais le Penée, la Thessalie ont disparu, et je ne mettrai en scène, avec ma pensée, que la Postérité et toi.

On a fait, depuis le beau Génie qui est la tige de ma Race, cent Traités, sur les moyens d'être heureux ; il faudrait, peut-être, en faire un aujourd'hui, sur le danger qu'il y a de l'être trop. Cet écrit empêcherait peut-être le feu sacré, dont la recherche nous occupe, d'achever de s'éteindre, dans les Métropoles de l'Europe.

Dès que la Nature, multipliant en nous les principes de la vie, y a ouvert toutes les portes du plaisir, notre imagination s'occupe à épuiser toutes les jouissances, et nous voudrions que la volupté entrât à-la-fois dans notre Ame, par tous les organes.

Cependant Micromégas, lui-même, avec ses douze Sens, et les Amans Célestes des Houris de Mahomet, avec leur vigueur toujours renaissante, ne pourraient suffire à satisfaire tant de desirs. Nous ressemblons à cet Insulaire des Terres Australes, qui voulait gouverner tout le Pays qu'il voyait, et dont l'horizon s'étendait sans cesse, à mesure qu'il sortait des gorges de ses Montagnes.

Nos Sens nous ont été donnés pour prolonger délicieusement notre existence ; mais c'est le tems seul qui doit en amener le terme, et non nos desirs. L'Homme est une Horloge, qui garde sa régularité, tant que le Pendule seul en dirige le mouvement : mais dès que des corps hétérogènes en accélèrent la marche, les roues s'usent par le frottement, et la machine se décompose.

J'observe que dans les Campagnes, la seule roue qui s'use dans le méchanisme du corps des agrestes cultivateurs, est celle du Tact : toutes les autres conservent, jusqu'à la fin, presque toute leur intégrité. Un simple Laboureur voit, entend, sent le parfum des Fleurs, goûte les alimens de la Nature, beaucoup mieux que les élégans Avortons des grandes Villes, qui le dédaignent. Je ne parle pas du sixième Sens : on sait assez qu'on est Père, à la Campagne, trente ans après qu'on a cessé de l'être, dans les Capitales.

L'air qu'on respire, dans les lieux où les grandes Sociétés se rassemblent, est d'ordinaire contagieux pour la vraie Philosophie des jouissances. Pour peu que les Hommes qui s'y entassent aient de l'aisance, et surtout de l'ennui, ils voient leurs oreilles, leur palais, leur odorat et leurs yeux usés à trente ans. Il est vrai que l'organe du Tact les dédommage un peu de l'inertie des autres. C'est en éprouvant des palpitations, au simple baiser d'une Lays ou d'une Aspasie, qu'ils se consolent de ne plus trouver de saveur aux Fruits, de parfum aux Fleurs, de n'entendre qu'avec des Cornets, et de ne voir qu'avec des Lorgnettes.

L'art de jouir consiste, comme je l'ai déjà fait pressentir, à n'être ni en deçà, ni au-delà de la Nature; et d'après cet axiôme, la morale de l'Homme physique se réduit peut-être à conserver ses organes dans toute leur intégrité.

Nos élèves de l'Arétin, qui prennent l'art de se blâser pour l'art de jouir, ne savent pas que les sensations les plus vives s'affaiblissent par leur continuité, et que les jouissances où l'imagination vient à l'appui des organes, détruisent à-la-fois, et l'imagination, et les organes.

Le plus grand danger de cet abus des plaisirs, est de détériorer le cœur, de l'endurcir au spectacle des malheurs de l'Homme, et de fermer son ame criminelle à la voix des remords.

Ouvrons les Annales de tous les Peuples du Globe, et nous verrons combien cette fureur d'aller toujours au-delà du but, a perverti les Êtres sensibles, combien elle a produit, dans tous les tems, d'attentats, d'erreurs et de ridicules.

Pourquoi ces Cénobites, aux yeux creux et au visage livide, traînent-ils leur existence douloureuse dans les Déserts de la Thébaïde, chargés de chaînes volontaires, ou cloués sur l'airain de leurs Colonnes ? C'est qu'ils ont voulu être avertis de leur existence, d'une manière plus vive que le reste des Hommes, pour multiplier leurs sacrifices au Dieu destructeur que leur imagination atrabilaire avait créé. Ils se sont imaginé qu'on était, sur ce Globe, des Êtres passifs, quand on se contentait d'y être bon Citoyen, Père tendre et Homme vertueux.

On pourrait juger, si un Peuple est blasé sur ses jouissances, seulement par la nature de ses Spectacles. Certainement, quand les Romains demandaient que des Courtisannes toutes nues se prostituassent sur le Théâtre, aux regards de la multitude ; quand les Femmes tranquilles, autour d'une Arène sanglante, exigaient des Gladiateurs qu'ils expirassent avec grâce, on pouvait prononcer que le Corps politique tendait à se dissoudre. La plume de Tacite ne devait plus s'occuper qu'à rapporter des crimes célèbres, et le Génie n'avait plus de Héros à louer.

L'Homme de goût aurait peut-être à se plaindre de cet abus des jouissances, autant que l'Homme de bien : car, outrer la Nature dans les mœurs, conduit aussi à l'outrer dans les Arts. C'est chez un Peuple blâsé que l'Architecte orne ses édifices, au lieu de les affermir; que le Peintre charge son coloris ; que l'Homme de Lettres analyse le sentiment, au lieu de l'échauffer, et que la simplicité touchante de Philoctète et de Britannicus est remplacée par l'horreur tragique des Spectacles d'échafaud.

DE L'AMOUR,

CONSIDÉRÉ COMME LE SIXIÈME SENS DE L'HOMME.

JE vais parler de l'Amour, ma tendre Éponine, et je le dois, parce qu'il est une des pierres fondamentales de l'édifice du bonheur : mais ne t'allarme point de mes tableaux : n'oublie pas que c'est ton Père qui les trace pour toi, et que toute vierge qu'est la Vérité, on peut quelquefois la montrer à demi nue à la Vertu.

D'obscurs Misantropes, quelques Théologiens des Cultes que l'Homme a imaginés, ont fait un crime de l'Amour. C'est le comble du délire, d'avoir voulu dégrader un sixième Sens, sans lequel il n'y aurait point d'Hommes sur la Terre. La Nature dit à tous les Êtres de se propager, et il n'y a que les Apôtres du Néant qui méritent d'être anéantis.

L'Amour, dans l'Homme, semble la quintessence de ses organes : tous en sont tributaires du moins; l'œil qui voit l'objet aimé, l'oreille, qui entend les sons de sa voix, l'odorat, qui trouve du parfum dans l'air qui l'environne, la bouche, qui s'ouvre pour respirer son haleine, le tact, sur-tout, qui prolonge et couronne ses plaisirs.

L'Amour se modifie, suivant les tempéramens qu'il maîtrise : dans les Êtres calmes, c'est un Zéphire, qui ride la superficie de l'onde; dans les Hommes à caractère impétueux, c'est un Ouragan, qui fait sentir sa présence, en déchirant les voiles du Navire, et en brisant sa Carène. Il peut, chez un individu énervé, rester dans la classe du sentiment ; mais il s'élève au rang de passion, chez un Homme ardent, dont tous les pores du corps et toutes les puissances de l'ame s'ouvrent sans peine aux impressions du plaisir.

Il ne faut pas se bercer de l'idée trompeuse, que l'Amour se laisse toujours guider par l'intérêt des Sens : si le bonheur n'était qu'à ce prix, nous n'offririons jamais nos hommages qu'à une Beauté parfaite ; et comme la Nature ne multiplie pas les Hélène et les Aspasie, quelques individus seraient heureux, mais la Race humaine resterait incapable d'aimer.

C'est ordinairement le caractère qui fait naître une passion véhémente. On admire une Beauté régulière, mais on s'embrase pour une Femme, dont les grâces, peu sensibles pour le vulgaire, ne sont piquantes que pour nous, qui partage notre degré de sensibilité, et dont l'ame, soit dans la prospérité, soit dans les revers, monte ou descend à notre unisson.

Ce moral, ajouté au physique de l'Amour, pour en perpétuer le charme et pour l'ennoblir, conduit à un grand principe, destiné à résoudre le problème du bonheur : c'est que l'Homme sait plus que jouir ; il sait aimer.

Il est donc, dans la passion humaine de l'Amour, deux objets qui n'échappent pas à l'œil du Philosophe ; le desir physique de se propager, et le besoin moral de vivre dans une société de peines et de plaisirs. Si on sépare ces deux sentimens, on détruit l'Amour ou la Vertu.

De cet exposé, résulte la réfutation de deux paradoxes, d'autant plus dangereux, que de Grands Hommes les ont fait naître, et que le Peuple de toutes les Nations est porté à mettre l'autorité du Génie en parallèle avec celle de la Nature.

Le premier, attribué sans fondement à l'école de Socrate, et ressuscité, de nos jours, par le sensible Fénélon, est cet Amour de théorie, qui subsiste indépendamment des Sens, et qui dérive de l'idée métaphysique de l'harmonie universelle. Ce commerce sublime entre des Intelligences, n'est pas fait pour des Êtres mixtes : l'Homme semble composé de deux substances ; et pour le rendre heureux, la Philosophie ne doit pas le déchirer.

Un paradoxe bien plus dangereux, sans doute, est celui de ce Buffon, qui, avec l'imagination de Pline, a quelquefois ses écarts. Il lui a échappé d'écrire, que dans la passion de l'Amour, il n'y avait que le physique de bon. Ainsi ce Philosophe, pour ne pas se perdre dans les nuages, s'est plongé dans la fange; pour ne pas imiter les Disciples de Socrate, il a copié Diogène.

L'Amour est vil, sans l'union des Ames; mais sans l'intérêt des Sens, il n'est rien.

Ne profanons pas l'Amour, en le confondant avec ce sentiment ébauché de notre Chevalerie moderne, qu'on nomme Galanterie, et qui consiste à offrir un culte sans conséquence à toutes sortes de Divinités, à substituer le jargon raffiné de la politesse, aux expressions brûlantes de l'enthousiasme, et à adorer sans aimer.

Les Spartiates, les Samnites et les Romains des siècles de Cincinnatus et de Curion, n'étaient pas galans. Un jeune Héros suivait alors la pente de son cœur, ardent de vertu, méritait, à force de services rendus à la patrie, la main de sa Maîtresse, et n'aimait qu'une fois. Dans cette France, dont on fait l'Élisée du Sexe, et l'École vivante des jouissances, l'Amour semble consister à subjuguer les Femmes, à tromper leurs desirs, et à les deshonorer.

Le bonheur né de l'Amour varie d'intensité, suivant l'âge des individus qui le goûtent : en général, la Nature semble avoir partagé en deux l'intervalle de la vie humaine. Dans l'une, elle a placé l'Amour avec toutes les affections qui ont pour objet les Sens; dans l'autre, elle a mis l'ambition, avec tout son cortège de passions intellectuelles.

C'est dans la jeunesse que les Sens, toujours en effervescence, entretiennent le délire de l'Amour. L'instant où le germe de cette passion commence à se développer, est celui où les organes ont acquis leur dernier degré de perfection. Lorsqu'une éducation Sybarite n'a pas embrâsé l'imagination d'un jeune Homme, avant le tems, et énervé son ame, avant qu'il fût en état de jouir, il n'est instruit des besoins de la Nature, que par la Nature elle-même. Si, dans ce moment de fermentation, la Beauté qu'il doit aimer se présente à ses regards, ses timides palpitations annoncent la fougue de ses desirs; le sentiment absorbe les diverses puissances de son ame, et tout son Être est subjugué.

Dans les Capitales de l'Europe, l'éducation qu'on donne au Sexe prévient l'embrâsement prématuré des Sens, mais force l'esprit à se plier à des idées pusillanimes. On écarte avec soin de l'imagination d'une Fille, tous les tableaux qui pourraient l'instruire du physique de l'Amour; mais on a soin de faire fermenter en elle ce principe inné de vanité, qui pervertit toutes les passions énergiques, ou les empêche de naître. Tout ce qu'elle voit, tout ce qu'elle lit, tout ce qu'elle entend, lui persuade qu'elle est supérieure à l'Homme. Dès-lors, elle se fait un art de coquetterie, pour éterniser l'illusion de ses adorateurs : elle ne cherche point à aimer, mais à séduire; et quand ses charmes commencent à se flétrir, privée, à-la-fois, d'Amis et d'Amans, et seule, au milieu du tourbillon de la Société, elle termine son insipide carrière, sans avoir jamais connu la Nature.

Nous nous étonnons de ne trouver les Femmes qu'aimables, sans être sensibles, et voluptueuses, sans être passionnées : ne nous en prenons qu'à une éducation nationale qui intervertit l'ordre de leurs facultés, soumet leur cœur à leur imagination, et énerve leur ame, pour conserver leurs Sens.

Il me semble que l'unique moyen d'épurer l'Amour, c'est d'en faire une passion : c'est alors que ce feu céleste peut devenir l'aliment des ames les plus sublimes. Un Richelieu, qui sort tout parfumé des bras d'une Ninon, me paraît un Être bien petit ; tandis qu'un Émile, né avec un cœur sensible et des organes vigoureux, qui ne sait point faire sa cour, mais qui aime avec violence, et qui se rend vertueux avec son Amante, pour la mériter un jour, est, à des yeux philosophiques, le chef-d'œuvre de la Nature.

LA VEILLE DE L'AMOUR HEUREUX.

Il faut bien quitter encore mon Éponine, puisque je lui ai promis l'Histoire des longues erreurs que j'ai parcourues, avant d'arriver à une vraie théorie de la félicité. L'Enchanteresse, à qui je dois la première explosion de mes Sens, est là. J'entends sa voix séduisante : son œil étincelant de desirs appelle mes regards : elle laisse tomber la Rose du plaisir, pour que je l'effeuille à mon gré. Oh ! que les feux du premier âge sont aisés à se rallumer, même sous les glaces de la vieillesse ! Oh ! quand on a fait divorce avec ses Sens, qu'il est pénible, qu'il est doux de se souvenir qu'on a aimé !

J'ai laissé ma Thessalienne soulagée par notre double confidence, du poids qui écrasait son cœur : il ne tenait, peut-être, qu'à moi, de dénouer la Fable enchanteresse de nos Amours ; mais ma délicatesse n'était pas satisfaite. Il fallait mériter mon Amante ; il fallait, à force de générosité, lui faire oublier que j'avais pu soupçonner un moment que j'avais un Rival ; et sans me donner le tems de réfléchir à un projet qui devait empoisonner ma vie, j'allai tomber aux genoux du jeune Aga, pour le conjurer de me céder son Esclave.

L'infortuné, comme je l'ai déjà fait entendre, ne tenait plus à ses Sens que par de tristes souvenirs. Il avait contracté tous les vices de la vieillesse, sans avoir, comme elle, la maturité de l'entendement. Détaché de toute affection, excepté de celle de l'or, à la vue de celui que je fis briller à ses yeux, il ne balança pas un instant à trafiquer du prix de l'Homme rare, qu'on destinait à être l'Instituteur de ses Enfans : il aurait, au même prix, vendu sa Sœur; il se serait vendu lui-même ; tant cet Être, vieilli avant le tems, était étranger à la Nature.

J'interrogeai, dans la route, la pensée de mon jeune Esclave, qui allait devenir mon Maître, puisque je voulais lui confier ma destinée. Je n'y reconnus aucun détour. Le Ciel qui brillait dans ses yeux, était dans son cœur. Je me livrai à sa discrétion, avec une étourderie vertueuse, qui décélait ma haute opinion de la nature humaine. Insensé ! je n'avais pas encore acquis, par une fatale expérience, le droit de déchirer le fragile tissu des qualités naturelles qui reposent sur l'intérêt ! Je ne savais pas combien l'ame la plus pure est prête à s'égarer, quand on a la maladresse de faire lutter ensemble sa pente au bonheur, et sa vertu.

Toutes les mesures prises pour donner une surprise agréable au cœur de ma jeune Amie, mais sans danger pour le mien, je

K

couvre mon Esclave de l'écharpe légère de l'Amant de Psyché ; je lui mets un bandeau sur les yeux, je l'arme d'un carquois garni de flèches, et je le place, avec mystère, dans une Grotte voisine du verger qui avait reçu notre double confidence.

On commençait, dans ma maison, à s'alarmer d'une absence dont on était loin de soupçonner la cause. Ma vue rendit à tout le monde sa sérénité. Je proposai de réparer le vuide du repas somptueux de la veille, par un souper tête-à-tête, avec de la Crême et des Fruits cueillis sur l'arbre : la joie fut bientôt à son comble ; j'en profitai, pour amener la scène de mes plaisirs fugitifs à son dénouement.

Tendre Amie, dis-je, avec quelque émotion, tu m'as parlé, avec un feu qui t'honore, du bienfait de l'Esclave ....., ou de l'Être qui lui ressemble..... Réponds-moi, avec la franchise enchanteresse de l'Enfant de la Nature : si le Ciel, qui applaudit à ta reconnaissance, le mettait un jour à tes pieds..... —

Homme cruel ! serais-tu jaloux ? —

Non, jamais : ou je cesserais de t'aimer. —

J'ignore, jusqu'à quel point la sensibilité peut exalter la tête d'un Être qui n'a connu son cœur que par toi ; mais j'en atteste ce Ciel qui nous entend : quelque soit le sentiment que la vue de mon Bienfaiteur ferait naître en moi, ma délicatesse t'en rendra dépositaire. Je ne veux pas qu'une seule de mes pensées te soit étrangère : si mon ame ne s'ouvre qu'à la sainte amitié, tes conseils en épureront encore la source : si cette amitié s'égarait jusqu'à devenir de l'amour, ton regard m'en ferait rougir, et tes caresses touchantes m'en guériraient. —

Combien tu mérites d'être heureuse ! permets-moi de me livrer, avec le feu que tu m'inspires, à tout l'épanchement de ma tendresse : souffre que j'arrose tes genoux de mes larmes : laisse-moi te jurer l'éternité de mes feux, cette éternité, la seule que puisse atteindre notre faible intelligence. —

En ce moment une voix céleste, partie du sein de la Grotte, se fait entendre, et un chant plein de mélodie nous donne l'avant-goût de la félicité, dont il est l'interprète.

> On se fait du plaisir une image céleste :
> Heureux qui le goûte en secret !
> Plus heureux qui l'épure en sa source funeste !
> Si la pudeur lui sourit à regret,
> S'il ne luit d'un jour doux dans un réduit modeste,
> L'âge fuit, mais le cœur nous reste,
> Et notre bonheur disparaît.

Dieu! dit mon Amante ingénue, voilà les chants que j'ai entendus auprès du Penée; ils étaient tout entiers dans ce cœur qu'ils oppressaient, et ils n'en sortiront jamais.

> Aux seuls plaisirs des Sens notre âge s'abandonne :
> Ces plaisirs si courts, mais si vrais,
> L'amitié nous les offre, et l'amour nous les donne;
> L'amour souvent a gâté ses bienfaits;
> Mais si, près de céder, de lui-même il s'étonne,
> Si la décence le couronne,
> Alors il ne trompe jamais.

Mon ami, je ne sais si c'est une illusion : mais cette voix qui remue avec délices toutes les puissances de mon ame, est celle de mon Bienfaiteur..... C'est celle de l'Esclave..... ——

> Aime, jeune beauté, mais aime sous l'ombrage ;
> En proie à de vagues desirs,
> Même en voilant tes feux, la nuit les encourage.
> Par la réserve, ennoblis tes soupirs :
> Si la douce pudeur, l'instant de ton naufrage,
> Se montre au loin dans le nuage,
> Elle éternise tes plaisirs.

Ah ! courons, mon Ami, auprès de ce Dieu tutélaire..... Il nous reste donc quelque chose à apprendre sur l'Amour....; quelque chose que nos cœurs purs ne se soient pas dit encore ! .... Que tardons-nous à nous éclairer, à être heureux et à mourir ? —

En ce moment, l'Esclave paraît, avec toutes les grâces de son âge, d'autant plus dangereux que, vêtu comme l'Amour, il avait à-la-fois sa naïveté et son expérience. « Jeune Beauté, dit-il, le hazard m'a pro-
» curé le bonheur de vous sauver la vie :
» il m'en restait un autre non moins grand
» à goûter, celui de vivre sous vos loix, et
» de mourir votre Esclave ».

Mon Amante, oppressée sous le poids du plaisir, ne parlait pas : à la place de ses sons entrecoupés, ses regards étincelans parcouraient tour-à-tour son bienfaiteur et moi : elle aurait voulu, dans l'élan sacré de sa reconnaissance, ouvrir ses bras qu'elle tendait à demi, pour l'y recevoir ; mais l'image de l'Amour qu'il présentait, ses grâces, sa demi-nudité la retenaient : alors cette ame pure, comme pour se faire illusion sur ses secrets combats, l'œil toujours fixé sur l'Esclave, le bras gauche tendu vers son carquois, me présente sa main droite à baiser. L'éclair fut moins rapide que l'effet de ce Talisman : les feux qui partaient de cette main colorée par l'Amour, se croisèrent avec ceux qui s'échappaient de ma bouche : nos ames commencèrent à être en contact, et l'extrémité du bandeau qui couvrait nos fronts vertueux s'entr'ouvrit.

Le Frère de l'Amour, dans un instant aussi critique, n'abandonne pas son rôle; il détache un dard doré de son carquois, et l'ajuste, en souriant, comme s'il avait voulu percer le sein de mon Amante. Ce mouvement, tout dramatique qu'il est, m'alarme : dans mon trouble, j'oublie que nous sommes en scène, et je m'élance, avec la rapidité de la pensée, sur une gorge d'albâtre, que je couvre de ma main, pour en empêcher le déchirement. Mes lèvres ardentes, bientôt, prennent la place de cette main audacieuse : l'Esclave se retire en silence, et la moitié du voile est déchirée.

LE JOUR DE L'AMOUR SATISFAIT.

Une Aurore naissante commençait à colorer les cimes de nos palmiers, quand un mouvement inconnu nous entraîna tous deux dans la Grotte, qui devenait pour nous celle de Didon, après la retraite de l'Esclave.

J'ignore ce que dura cette matinée enchanteresse : quand les Sens sont en délire, la course du tems échappe aux calculs de l'entendement. Mais à peine les yeux fatigués de mon Amante eurent-ils appelé un sommeil tutélaire, que j'écrivis, sur le lit de verdure où elle reposait, ces lignes maltracées, qui attestaient du moins le réveil de ma raison.

» Je te remercie, Être céleste, de ce qu'en
» me laissant descendre aux plaisirs des
» Sens, tu as su m'élever jusqu'à toi.

» Ne gémis pas d'une défaite qui t'honore :
» ta touchante réserve a assez ennobli les
» larmes d'Amour que je te faisais répandre :
» lors même que tu étais toute à ton vain-
» queur, ta pudeur sublime a triomphé de
» lui.

» Oh ! combien elle a de droits à mon
» idolâtrie, cette Beauté qui s'entoure de
» son innocence, au moment où ses desirs
» lui disent de la perdre : qui combat en-
» core, lorsqu'elle s'abandonne : qui se
» montre la touchante image de la Divinité,
» quand elle oublie sa vertu !

» Non, jamais tu n'as eu plus de droits
» à mon estime, que depuis que tu m'appar-
» tiens : c'est moi seul qui t'ai enlacé dans
» les piéges de l'Amour : c'est moi qui ai
» violé la Rose de ton sein : c'est moi qui
» ai gâté le trait magnanime du rachat de
» l'Esclave, en te condamnant à la recon-
» naissance.

» Tu m'as appris, Ange du Ciel, à anéan-
» tir ce funeste égoïsme qui empoisonne jus-
» qu'à nos plaisirs : éclairé désormais sur la
» vraie jouissance, je n'aimerai que la félicité
» que tu goûteras, je ne trouverai de charmes
» qu'aux larmes voluptueuses que je te ferai
» répandre : si, chaste, jusques dans tes fa-
» veurs, tu te livres à des caresses touchantes,
» dont la décence relève le prix, c'est du

» plaisir même dont tu t'énivreras, que
» j'oserai te remercier.

» L'Amour vulgaire s'éteint par la jouis-
» sance ; le mien s'en accroît encore davan-
» tage : il brave le tems qui use tout, parce
» que l'estime qui m'a mis à tes pieds a
» survécu à ta défaite, et que quand la pu-
» deur ne meurt point dans le Sexe, elle
» donne aux feux de l'Être qui en triomphe,
» sa propre immortalité ».

LE LENDEMAIN.

Comment des Amours aussi purs ont-ils un lendemain? Cette vérité sinistre, en obsédant sans cesse ma pensée, m'a entraîné quelquefois au blasphême de Brutus : j'ai dit alors, dans le délire de mes Sens : *Amour que mon cœur répudie, tu ressembles à la vertu ; tu n'es qu'un fantôme.*

Je voudrais ne point appuyer sur un événement affreux qui a répandu sa teinte sinistre sur la plus belle moitié de ma vie : je me contenterai donc d'exposer, que le lendemain du jour mémorable où je fus heureux, à-la-fois, par l'ame et par les Sens, l'Amante que le Ciel semblait m'avoir choisie, me fut infidelle. Infidelle ! avec quel déchirement ce mot que je prononce sort du fond de mes entrailles ! comme après quarante ans, il vient encore flétrir ma pensée ! comme il empoisonne la jouissance sublime, à laquelle je dois d'être Père d'Éponine!

Éponine, (car j'aime à mettre ton nom dans mon cœur, quand ma tête s'égare). Éponine, tu te rappelles les premières pages de cet Essai sur le bonheur : tu te souviens comment, dans la nuit d'orage qui a commencé ma longue infortune, après la piqure du Zemb, je vis le tableau déchirant de ma Maîtresse, palpitante de plaisir dans les bras de mon Esclave : il faut, après un tel trait de perfidie, savoir mourir d'Amour, ou devenir Philosophe.

Cette alternative ne se présenta pas d'abord à ma pensée : je m'arrêtai au projet vulgaire d'abandonner ma maison, fût-ce à l'infidelle avec qui j'avais desiré d'y passer ma vie, de fuir, sans but déterminé, aussi loin que mes forces pourraient me le permettre, et si je trouvais un Vaisseau qui fit voile sous un autre Ciel, de mettre un Monde entier entre mon cœur et celui de ma Maîtresse.

Dans le torrent d'idées cruelles qui se succédaient et se croisaient sans cesse, il s'en présenta une très-bizare, et que dans mon égarement, je saisis, précisément à cause de sa bizarerie; ce fut de me rendre, avec mystère, dans un réduit secret de mon verger, d'y épier les feux adultères de la Thessalienne et de l'Esclave, et de me convaincre ainsi, par quelle contradiction de la Nature, on pouvait goûter autant de bonheur, avec autant de perversité.

Mon attente douloureuse ne fut pas de longue durée. Je vis mon Rival porter ma Maîtresse, trempée encore de la pluie d'orage qui nous avait inondés, la déposer avec orgueil au pied d'un arbre, et attendre, à ses genoux, les ordres qu'il allait tenir de sa reconnaissance.

La perfide était à demi-évanouie, et cette attitude fit naître un tableau destiné à retourner le poignard au fond de mon cœur. Dans le mouvement précipité que parut faire l'Esclave, pour détacher les agraffes qui gênaient sa respiration, et la rendre ainsi à la vie, je le vis passer une main téméraire autour de son col, et presser, de l'autre, son sein palpitant, tandis que sa complice, entr'ouvrant ses yeux éteints, semblait remercier mon Rival de son audace, encore plus que de son service. J'avais aussi, quelques jours auparavant, essayé une pareille attitude, dans le jeu Anacréontique de la grappe de Raisin. Ce contraste était terrible. Il fit passer dans mon cœur jaloux toute la rage des Enfers ; je fus sur le point de poignarder ma Maîtresse, sur le corps déchiré de mon Esclave, et moi-même, après eux. A chaque minute, cette soif de vengeance devenant plus ardente, je me sauvai avec précipitation, pour me dérober au crime de l'étancher dans le sang humain, et j'errai toute la nuit le long du Penée, ne tenant plus à l'existence que par le sentiment pénible de mon infortune.

La fraîcheur du matin mit quelque calme dans mes Sens, et par-là, un peu de philosophie dans ma tête. Je reconnus que le cœur d'une Femme, qu'elle donne ou ôte à son gré, ne pouvait constituer une propriété pour un Amant ; qu'on n'est point heureux, quand on dépend d'un Être aussi fugitif que les faveurs de la Beauté ; et joignant à toutes ces réflexions celles que j'ai indiquées au commencement de cet Ouvrage, je me déterminai à aller, par une autre route, à la recherche du vrai bonheur, surtout à l'étudier, dans les Hommes qui prétendaient en avoir fait la découverte, en commençant par l'Iman du Péloponèse.

DU SUICIDE D'AMOUR.

Éponine se doute bien, qu'en promettant à ma Philosophie d'oublier mon Amante, je fus long-tems infidèle à mes sermens. Dans l'intervalle de mon court exil chez l'Iman, inconnu à toute la Terre, mais non à mon cœur, je le repliais sans cesse sur lui-même, pour m'abreuver de ce qui faisait mon supplice. L'idée sinistre à laquelle je tenais le plus, était de mourir d'Amour : je trouvais une sorte de volupté à léguer ma cendre à celle qui avait juré de ne vivre que pour moi, et à me punir seul de n'avoir pu réussir à m'en faire aimer.

Je portais mes regards autour de moi, et je voyais que le Sexe le plus timide était celui qui avait donné le plus d'exemples de ce magnanime dévouement. Les Annales de la Grèce me peignaient la brûlante Sapho, cherchant, dans les vagues d'une mer en courroux, le remède à un Amour mal par-

tagé. Mon imagination ardente se représen_
tait cette Veuve du Malabar, qui perdant
un Époux qu'elle adore, dans l'âge où lui
seul peut lui faire chérir l'existence, va se
brûler, en silence, sur son Bûcher. Un pareil suicide ne me semblait point un attentat
contre l'harmonie générale des Êtres ; je
sentais que le Législateur même devait pardonner à cette Héroïne, si, dans le délire
de l'Amour et de la douleur, elle rompait
les liens fragiles qui l'enchaînaient à la Nature et au pacte social; si, ne connaissant
de biens réels, que Dieu et le cœur qu'elle
perdait, elle tentait de les aller rejoindre,
loin d'un Globe qui, désormais, n'était plus
pour elle qu'une vaste solitude.

Ce qui acheva de donner la plus grande
intensité à mon délire, fut l'Histoire tragique des Amans de Lyon, dont la renommée
venait de s'emparer, et qui occupait alors
toutes les bouches et toutes les plumes de
l'Europe.

Un Italien, du nom de Faldoni, jeune
Homme d'une figure semblable à celle de
l'Apollon du Belvédère, était sur le point

d'épouser la Beauté dont son cœur était épris, lorsqu'une blessure qu'il se fit à la grande Artère, lui donna un Anévrisme, jugé mortel par les Médecins. Le Père de Thérèse, c'est le nom de l'Amante, instruit de cet accident, refuse de marier sa fille, pour ne point la rendre Veuve, le jour où elle deviendrait Mère ; mais l'Amour, dans des ames neuves encore, s'indigne de toute barrière, et le couple persécuté se détermine à s'unir. Il y avait une Chapelle dans la Campagne qui lui servait d'asyle : elle fut parée avec goût, comme les Beautés de la Grèce auraient paré le Sanctuaire du Temple de Gnide. Thérèse s'y rend avec Faldoni, dans un deshabillé plein de fraîcheur et de grâces : ils se mettent à genoux devant l'Autel, se serrant d'une main, et de l'autre, touchant les détentes de deux Pistolets, attachés à leurs habits, avec des rubans couleur de Rose. Au signal donné, les coups partent : les deux Amans tombent en s'embrassant, et leurs ames confondues vont déposer, loin des limites de la vie, contre la tyrannie des Hommes.

Faldoni,

Faldoni, me disais-je à moi-même, tu ne voulais qu'être heureux : et tu n'as pas, par ton suicide, outragé la Nature qui venait de te condamner à mourir, ni la Société, qui n'avait plus de services à attendre de toi. Le Sage le plus sévère ne t'accusera, peut-être, que de t'être assez défié de ton courage, pour n'avoir pas voulu l'essayer contre les atteintes d'une mort lente et cruelle. Mais toi, généreuse Thérèse, dont la sensibilité a fait la faute et les malheurs, tu pouvais, dans l'absence du bonheur de l'Amour, goûter celui de la bienfaisance : ainsi, tu t'es rendue coupable envers le Ciel, qui t'avait donné le germe des vertus, et envers la Terre, qui s'attendait à en jouir; et ma bouche inconséquente n'ira pas louer ta cendre d'une fin tragique, dont la Philosophie de Socrate ferait rougir celle de Caton et de Démosthène. Cependant, combien ton erreur même te rend respectable, toi qui as osé te créer un caractère, lorsque tout le monde se dépouillait du sien; toi qui as connu une vraie passion, lorsque ton Sexe dégradé ne se livrait qu'à des caprices ! Quelle est donc l'ame d'airain qui flétrira le nom d'une Amante, dont les contemporains d'Arrie et de Lucrèce auraient fait l'Apothéose ? Et quel est le Législateur qui aurait la faiblesse de craindre, en te pardonnant, la contagion de l'exemple? N'est-il pas démontré qu'il n'y aurait que des Héros, dans une ville où l'on commettrait souvent de pareils suicides?

C'est ainsi que j'examinais, dans l'Histoire de l'Antiquité et dans nos Annales, le problème philosophique du bonheur, dans la mort volontaire que commande l'Amour, problème qui, d'ailleurs, flattait ma vanité, parce qu'il ne pouvait être discuté que par un entendement supérieur aux préjugés, et résolu, même mal, que par une ame vigoureuse. Mais je sortis toujours de mon examen, convaincu que ce n'était point, pour moi, un bien de cesser d'être, et que je ne devais pas me croire plus instruit que la Nature, et plus sage que l'adversité.

Le suicide d'Amour, dans l'ordre de la morale, est un délit que, tout brillant qu'il est, la loi a droit de réprimer.

Envisagé sous le point de vue de la félicité, il ne prête pas moins à la censure : car, ou l'on espère de ramener l'objet qui nous abandonne, et alors le suicide est une inconséquence, ou l'on cesse d'en être chéri, et c'est une absurdité.

Tranquille, de mon côté, je l'étais encore plus, par rapport à la Thessalienne, qui, quoique l'objet naturel de ma haine, surprenait toujours une sorte d'intérêt à ma sensibilité. Je sentais qu'on ne réunit pas aisément les deux extrêmes dans son cœur, et qu'une Femme capable de la plus noire perfidie, dans ses premières Amours, ne pouvait avoir les sentimens assez élevés pour aspirer, même à la gloire criminelle du suicide.

C'est, en ce moment, qu'un Muet du Sérail m'apporta l'Histoire touchante d'*Ismenide* et *Hylas*, que je vais transcrire. Il la tenait, ainsi qu'une Lettre à mon adresse, d'une Femme voilée, qui avait disparu, après l'avoir payé avec magnificence. La Lettre ne me parvint pas, parce qu'elle tomba dans le Penée, lorsque l'Esclave, qui avait ordre d'accélérer sa course, tenta, pour abréger sa route, de traverser ce Fleuve à la nage. Pour le Manuscrit, je ne pus l'ouvrir sans frissonner; et quoiqu'il ne rappellât qu'une Anecdote antique, parfaitement étrangère, en apparence, à mon malheureux Amour, mon trouble se prolongea, jusqu'à ce que ma lecture précipitée me conduisît au dénouement.

HISTOIRE

D'ISMENIDE ET D'HYLAS.

Toutes les personnes qui aiment, et quel est l'Être bien organisé qui n'a pas aimé, connaissent le fameux Promontoire de Leucade. Là, était un Rocher escarpé, d'où se précipitaient dans la Mer, les malheureux qui voulaient se guérir de l'Amour : ils en guérissaient, sans doute, car tous y perdaient la vie.

Ce n'est pas qu'on ne prît beaucoup de précautions pour modérer l'impétuosité de la chûte. On s'attachait des ailes d'Oiseaux, ou même des Aigles toutes vivantes : mais ce n'était-là que raffiner sur le suicide. Les ailes coupées des Oiseaux n'obéissaient pas plus à la volonté, que les ailes de cire d'Icare. Pour les Aigles, elles avaient perdu le privilége qu'elles tenaient de Jupiter, au tems de l'enlèvement de Ganymède, et elles ne se laissaient monter par les Amans, que pour les noyer.

Dans le tems où cette fureur de mourir, pour se punir d'aimer, était une épidémie qui commençait à infecter toute la Grèce, un jeune Athlète d'Athènes, qui avait remporté plusieurs prix aux Jeux Olympiques, devint épris, dans la Vallée de Tempé, de la Petite-Fille d'une Grande-Prêtresse de Vénus. Les deux Amans ne s'étaient vus qu'une seule fois, au Pérystile du Temple; mais chez des ames neuves, et faites pour s'entendre, se voir une fois, c'est se jurer de s'aimer toute sa vie.

Hylas, c'est le nom de l'Athlète, était destiné par son Père à épouser la Fille d'un Roi de Sparte : car, dans ces siècles héroïques, un Prince, qui gouvernait avec gloire, ne se dégradait pas, en se choisissant pour Gendre, un Homme libre, que la gloire avait tiré de l'obscurité; et lorsque la gloire n'était que du côté de l'Athlète, lui seul se dégradait, en épousant la Fille d'un Roi.

De son côté, la Prêtresse de Vénus avait

promis sa Petite-Fille à l'Hyérophante d'E-
leusis : des querelles religieuses divisaient
les Ministres des deux Cultes, depuis un
demi siècle, et l'Hymen d'Ismenide devait
être le gage de leur réunion.

Hylas ne connaissait pas la Princesse
qu'on lui destinait : Ismenide avait vu l'Hyérophante, et ne l'en aimait pas davantage :
mais tous deux, dans la dépendance d'un
Père, ne savaient que gémir et se taire. Un
Père, alors, était le Souverain de sa famille,
et la famille n'en était pas plus mal gou-
vernée.

Hylas, qui demeurait non loin des bords du
Penée, avait reçu ordre de ne regarder avec
complaisance aucune Femme de la Thessalie. Quand le hazard le faisait rencontrer
auprès d'Ismenide, il cherchait ses regards,
pour obéir à son cœur : quand il les avait
rencontrés, il détournait les siens, pour
obéir à son Père.

On avait enjoint à Ismenide de dédaigner
tous les jeunes Adorateurs qui venaient présenter leurs offrandes sur les Autels de Vénus; et tel était l'ascendant que la Prêtresse

avait pris sur elle, que tout le monde croyait qu'elle dédaignait Hylas.

Les deux Amans ne tardèrent pas à se méprendre sur le principe de leur mutuelle indifférence. La barbare, s'écriait l'Athlète, avec quel plaisir elle obéit à la loi que le despotisme maternel lui impose ! Le cruel, se disait, en secret, la Vierge de Thessalie ! il va chercher le bonheur dans Sparte ! .... Pour moi, je sens, au vuide que va éprouver mon cœur, que je ne le trouverai jamais.

Cependant, les arbitres de la destinée des deux Amans avaient surpris des regards qui décelaient leur intelligence. Pour en rendre les effets inutiles, ils eurent recours au plus odieux des stratagêmes. Un Ami d'Hylas, corrompu par son Père, montra à Ismenide des vers de l'Athlète, adressés à Aspasie : un Eunuque d'Ismenide laissa entendre à Hylas que sa Maîtresse avait dessiné le portrait de son Esclave : la trame fut ourdie avec tant d'adresse, que les deux Amans, qui craignaient d'interroger leurs cœurs, parurent réduits au silence.

Cependant, le feu de l'Amour s'accroît de tout ce qu'on y jette pour l'éteindre : il était à son comble, quand on vint leur annoncer les apprêts de leur double mariage.

« Eh bien ! s'écrie Hylas, puisque j'ai,
» du moins, un Rival qu'on avoue ; puisque
» je n'ai pas la liberté de sacrifier la Fille
» d'un Roi, à l'Être que mon cœur a choisi,
» il est tems de ne prendre conseil que des
» Dieux et de mon courage : j'irai au Pro-
» montoire de Leucade, je m'élancerai dans
» l'abîme des Mers, et j'y périrai, ou j'en
» reviendrai guéri.... Guéri ! De quoi ? d'ai-
» mer Ismenide ! Non : le bonheur du trépas
» est au-dessus du bonheur de ma gué-
» rison ».

Ismenide, de son côté, roulait, dans le Sanctuaire de la Déesse des Amours, le même projet sinistre : et ferme dans ses principes, malgré la timidité de son Sexe, elle n'attendait que les ombres d'une nuit tutélaire, pour l'exécuter.

Ces entreprises audacieuses d'un Sexe que notre éducation perverse a réussi à rendre pusillanime, nous étonnent, sans doute :

mais il ne faudrait pas douter du dévouement d'Ismenide, parce que l'afféterie Française, ou la servitude Musulmane, ne comporteraient pas des suicides aussi généreux : les mœurs des âges des Porcia et des Sapho ont existé, quoique ces mœurs ne soient pas les nôtres.

La nuit vient : Ismenide, accompagnée d'une Amie qu'elle n'avait instruite qu'à demi de son secret, afin de n'être point trahie par sa tendresse, se rend à Leucade : Hylas part après elle, et arrive le premier au lieu de dévouement.

Auprès du Rocher, était un Temple d'Apollon, où les victimes volontaires de l'Amour avaient coutume de se rendre, avant de consommer leur sacrifice : là, elles juraient sur le Trépied de la Pythie, de s'élancer avec courage dans le sein de la Mer. Cette précaution semblait commandée par le fanatisme religieux, pour prévenir, ce qu'il appelait les faiblesses de la Nature ; et encore, souvent, ne suffisait-elle pas. On sait qu'un Spartiate, qui avait prononcé ce serment indiscret, étant monté sur la Roche de Leucade, et mesurant des yeux la profondeur de l'abîme, que le tems avait creusé en silence, retourna sur ses pas : *j'ignorais, dit-il, que mon vœu, pour entreprendre ce suicide, en eût besoin d'un autre plus fort, pour l'exécuter.*

Cependant Hylas entrait dans le Temple, pour faire son serment : la Pythie n'y était pas encore : le jeune Héros se promène avec agitation, dans son enceinte. Le Silence, la faible lumière du Crépuscule qui perçait à peine, sous ces voûtes antiques et dégradées par le tems, tout redouble sa vague inquiétude. « Ismenide, dit-il, non, je n'ai point
» un Esclave pour Rival; tu ne pouvais dé-
» grader un cœur pur, où j'ai eu quelques
» momens l'orgueil de régner... Mais enfin,
» tu vas jurer d'être à un Hyérophante, et
» je vais légitimer ton Hymen, en t'aban-
» donnant, pour jamais, à tes remords....
» Pour jamais ! non : les Dieux qui veulent
» me guérir d'une passion fatale, ne de-
» mandent pas ma vie; il est des moyens
» légitimes de rallentir l'impétuosité de ma
» chûte, et je les saisirai : je franchirai im-

» punément l'abîme, et j'obéirai à mon cœur,
» sans trahir mon devoir ».

Il voit alors, en parcourant le Sanctuaire, des ailes d'Oiseaux, destinées aux victimes volontaires de l'Amour : il est frappé, surtout, de la dépouille entière d'une Aigle monstrueuse, qui pouvait servir d'enveloppe à un Homme d'une taille ordinaire. Tout se ressentait, dans ces premiers âges du Globe, de la vigueur de la Nature ; les Hommes vivaient un siècle et demi ; les Femmes cachaient, sous les grâces de leur sexe, le courage des Héros ; et les Aigles avaient des corps de six pieds.

Hylas s'approche, déplie cette enveloppe, et essaie, s'il pourra en faire usage. A peine y est-il renfermé, qu'il voit entrer dans le Temple une jeune personne, d'une taille légère, et couverte d'un voile, qui embrasse l'Autel d'Apollon. « Le barbare ! s'écrie-
» t-elle, il veut donc ce sanglant sacrifice !...
» Dieu qui m'entends, réchauffe mon cou-
» rage.... Prouvons à la Grèce que qui sait
» aimer, sait mourir ».

L'ame d'Hylas était toute entière dans

ses regards : il avait rarement entendu les accens de son Amante ; un voile épais couvrait alors son visage ; il n'y avait que son cœur qui pût pressentir l'approche d'Ismenide ; et ce cœur sensible ne se trompait pas.

« Mourir ! disait en elle-même Ismenide !...
» Oh ! que l'idée de destruction est amère !
» Tous mes Sens se révoltent malgré moi....
» Aurai-je la force de consommer mon sa-
» crifice » ?

Elle observe alors que le saut de Leucade avait été établi pour guérir de l'Amour, et non pour chercher la mort : elle se rappelle d'avoir entendu assurer que des ailes étendues pouvaient suffire pour sauver la vie, même à des Femmes, et un instinct secret la conduit auprès d'Hylas.

A peine Ismenide a-t-elle touché la dépouille de l'Aigle, que ses ailes s'étendent, et l'enveloppent. *Dieux !* dit-elle, avec l'émotion de l'ingénuité, *je trouve jusqu'aux Oiseaux sensibles ; et le seul Être, sur la Terre, dont la sensibilité me serait chère, ordonne ma mort !* Les ailes de l'Aigle serraient alors avec force l'Héroïne de l'Amour ; un feu subtil se glissait au travers des plumes, et portait l'embrâsement dans les Sens de l'Amante d'Hylas. *Dieu d'Amour*, ajoutait Ismenide, *toi qui ranimes la cendre des Êtres qui ont aimé, que n'as tu essayé ton pouvoir sur le Héros qui m'est cher ?* Hylas ne peut plus contenir ses transports : *enfin, je suis heureux*, s'écrie-t-il, en se dépouillant de l'enveloppe grossière qui le recèle ; *Dieux que j'égale, par le bien suprême que je goûte, faites partager ma volupté à Ismenide, et voilà mon apothéose.*

La jeune Amante reconnaît son Héros, jette un cri, et tombe évanouie sur le marbre du Sanctuaire.

A peine ses yeux mourans commencent-ils à s'ouvrir, qu'elle voit Hylas à ses genoux, et la Pythie au pied de l'Autel, qui regardait cette scène avec attendrissement. Après un premier moment d'enthousiasme, où les ames des deux Amans confondues ne semblaient exister que par le sentiment de l'Amour, les doutes s'éclaircissent, les faits se concilient, et la Prêtresse unit Ismenide à Hylas.

Ce couple charmant resta depuis dans le Temple, et la Pythie les adopta. Ils s'occupèrent à consoler les infortunés qui venaient chercher le remède à leurs maux dans l'abîme de Leucade ; ils leur apprirent à épurer l'Amour, à ne pas le regarder comme la base exclusive du bonheur ; et dès-lors cessa, dans la Grèce, la contagion des suicides.

LETTRE
D'UN ESCLAVE A PLATON.

Cette Lettre a été remise à l'Editeur de cet Ouvrage, par Zlina, Sœur d'Éponine. Elle répand une lumière terrible sur l'erreur fatale de Platon, et un jour doux sur la vertu inaltérable de sa Thessalienne. Comme le Philosophe à qui on l'adresse, et qui ne l'a jamais reçue, vient de faire voile vers le Péloponèse, voici le moment de la publier : c'est un monument qui empêchera le nom pur de la plus sensible des Femmes de parvenir flétri à la postérité ; et grâce au prodigieux éloignement de Platon, il n'est pas à craindre que sa publicité aille jamais contrister l'ame paisible du Sage, et empoisonner sa vieillesse.

« Tu fus mon Bienfaiteur, et comme tu
» as l'ame grande, je crois que te parler avec
» la franchise du vrai courage, c'est assez
» te marquer ma reconnaissance.

» Tu avais montré quelque estime à ton
» Amante, en me plaçant auprès d'elle, et
» ton cœur ne te trompait pas : c'était l'ame
» la plus pure qui eut jamais vivifié le corps
» d'une Femme, dans les deux Mondes : il
« fallait

» fallait couronner ton ouvrage, et ne pas
» l'exposer, par le plus criminel des aban-
» dons, à terminer ses jours, que tu flétris,
» par la gloire futile du suicide.

» Au-dessus, par son ame magnanime,
» de tout soupçon, elle a gardé long-tems
» l'orgueil de l'innocence opprimée, et son
» silence ; enfin, l'Amour l'a emporté, et
» elle est descendue jusqu'à t'écrire une Lettre
» touchante, qu'elle t'a fait parvenir par un
» Muet du Sérail, avec le manuscrit d'*Is-*
» *menide.*

» Fidèle à ton système d'abandon absolu,
» tu n'as point répondu à la Lettre de ton
» Amante ; tu n'as peut-être pas même
» parcouru le Manuscrit qui te présentait,
» sous le voile de l'allégorie, le tableau dé-
» chirant de tout ce qu'elle méditait, pour
» expier, s'il était possible, par le crime
» de sa mort, celui de ton oubli.

» Moi-même, Platon, j'accuse ton cœur
» d'une injustice, qui semble contredire tes
» bienfaits.

» Tu me soupçonnes d'être ton Rival !
» Ah ! si je disais un mot, comme tu rou-

M

» girais de ta fatale méprise ! Mais ce mot,
» je ne le prononcerai pas : je t'estime encore
» assez, pour que mon apologie ne précède
» pas ton remord.

» Moi ton Rival ! As-tu donc oublié avec
» quel désintéressement j'ai sauvé, auprès
» du Penée, les jours de ton Amante? Elle
» était à demi-nue dans mes bras : je pou-
» vais être heureux, si, cependant, on peut
» l'être avec l'audace ; et mes Sens n'ont
» pas même tenté ma vertu.

» Le jour même où ta jalousie inquiète
» conduisait tes pas égarés vers l'Iman du
» Péloponèse, une seconde expérience sur
» mon cœur me prouva que j'étais digne de
» toi. L'infortunée était sans connaissance,
» auprès du Palmier où je l'avais déposée
» après l'orage : dans mes mouvemens pré-
» cipités pour la rappeller à la vie, ma main,
» qui dénouait, sans adresse, un tissu de
» rubans, se porta machinalement sur son
» sein : ni mon âge, ni l'aspect du charme
» le plus séducteur, ni le tact, le plus subtil
» des organes, ne vinrent à bout d'embrâser
» mon sang ; quand je reconnus ma témé-

» rité involontaire, je ne songeai pas plus
» à rougir, que si j'avais touché le marbre
» d'une statue du Capitole.

» Platon, Platon, crois moi : la morale
» n'est point un vain nom, dans un cœur
» neuf, qui n'a point encore abjuré la Na-
» ture : c'est la dégradation de la volonté
» qui fait naître les desirs illégitimes ; et
» l'Homme pur n'a point de Sens, devant
» la nudité de la vertu.

» Au reste, je me suis rendu justice : tu
» étais mon Bienfaiteur, et je devais anéan-
» tir jusqu'au soupçon d'une infidélité, qui
» compromettait ma reconnaissance. La nuit
» même de ton funeste abandon, de l'aveu
» de l'Héroïne dont tu fais les malheurs, je
» partis pour Constantinople : là, je trouvai
» un Ami, non pas plus magnanime, mais
» du moins plus confiant que toi, qui m'a-
» vança l'or nécessaire pour ma rançon. Je
» volai chez l'Iman du Péloponèse, pour la
» mettre à tes pieds. Il y avait long-tems
» que tu avais quitté cet asyle. Je te suivis
» à la trace, tantôt de tes talens, tantôt de
» ton infortune, au palais du Bacha d'An-

» drinople, au Divan que présidait le Grand-
» Visir, même à l'Isle ardente qui avoisine
» l'écueil de Cranaë : toutes mes recherches
» furent inutiles. Mes derniers pas se por-
» tèrent dans la vallée de Tempé : ta sen-
» sible Amante n'y était plus : je ne trouvai,
» à la place du Monument que tu appellais
» le Temple de la Nature, qu'un tombeau
» entouré de Cyprès lugubres, où une Beauté,
» sculptée d'après ses traits, semblait monter
» en soupirant. Ses yeux éteints se tournaient
» avec attendrissement vers ton image, et
» on lisait sur le marbre où devait reposer
» sa tête : *il me fit connaître le bonheur ;*
» *je meurs contente, s'il peut le goûter loin*
» *de moi.*

» Infortuné Philosophe, j'ignore où t'a
» conduit ta destinée : peut-être, as-tu mis
» un Monde entier entre ton Amante et toi :
» peut-être même, tu n'es plus. Mais, sup-
» posé que mon pressentiment soit vain,
» supposé que tu respires dans un coin du
» Globe, seul, avec ton cœur, puisse cette
» Lettre t'atteindre dans ton dernier asyle,
» avant que l'âge ait flétri ton ame, avant

» que la plus accomplie des Femmes se con-
» damne à ne chercher le repos que sur le
» marbre de sa tombe ! Si je puis réussir à
» t'éclairer sur l'absurdité de tes soupçons
» jaloux; si je rends ton Amante à la vie,
» et toi-même, au bonheur, tu n'as plus
» besoin de l'or de ma rançon, et j'ai payé
» tes bienfaits ».

Fin du premier Volume.

TABLE DES CHAPITRES.

Préface............ Pag.	1.
PHILOSOPHIE DU BONHEUR.	
Introduction..........	17.
Erreurs de l'Inexpérience...	20.
Où le Bonheur n'est pas....	25.
Des Philosophes qui ont rêvé sur le Bonheur........	46.
Découverte d'une Isle et d'une Vérité............	60.
Première Porte ouverte au Bonheur. — Les Sens....	71.
Philosophie de l'Amour, sur les organes extérieurs du Sentiment............	89.
Du danger d'émousser les Sens, par trop de jouissances...	130.

De l'Amour, considéré comme le sixième Sens de l'Homme. Pag.	136.
La veille de l'Amour heureux.	143.
Le jour de l'Amour satisfait. .	151.
Le lendemain.	155.
Du Suicide d'Amour.	158.
Histoire d'Ismenide et d'Hylas.	165.
Lettre d'un Esclave à Platon.	176.

Fin de la Table des Chapitres.

HOMERE

www.ingramcontent.com/pod-product-compliance
Lightning Source LLC
Chambersburg PA
CBHW050640170426
43200CB00008B/1097